전국 팔도 지리 자랑

조지욱 글 | 염예슬 그림

사계절

차례

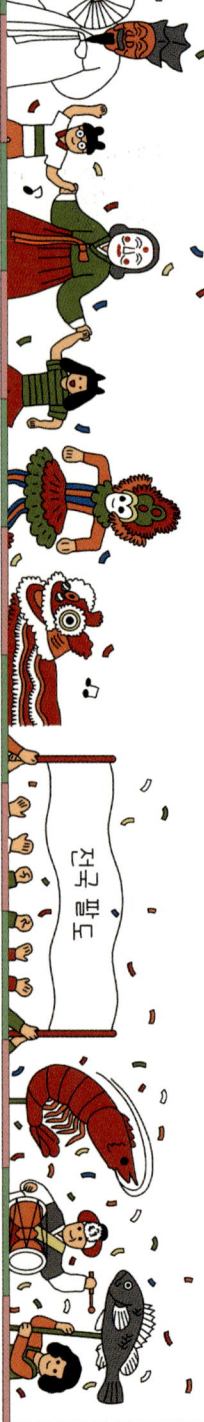

북쪽 지방을 자랑합니다!

점점 더 중요해지는 땅, **함경북도** ········· 6

남북 최대의 도였던 **함경남도** ········· 8

얼지 않는 항구가 있는 **나선특별시** ········· 10

한반도에서 가장 추운 땅, **양강도** ········· 12

자원이 풍부한 **자강도** ········· 14

아름답고 농사짓기 좋은 **평안북도** ········· 16

산맥으로 둘러싸인 **평안남도** ········· 18

북한 최대의 도시, **평양직할시** ········· 20

점점 규모가 커지는 **남포특별시** ········· 22

개성공단이 있는 **황해북도** ········· 24

북한의 곡식 창고, **황해남도** ········· 26

둘로 나뉜 **북한 강원도** ········· 28

남쪽 지방을 자랑합니다!

경기도 ········· 32
서울을 둘러싼 경기도 ········· 34

서울특별시 ········· 36
대한민국의 수도, 서울특별시 ········· 38

인천광역시 ········· 40
중국과 가까운 인천광역시 ········· 42

강원도 ········· 44
한반도 등줄기, 강원도 ········· 46

충청북도 ··································· 48
대한민국의 중앙, 충청북도 ··················· 50

충청남도 ··································· 52
백제 문화권의 중심지, 충청남도 ············· 54

세종특별자치시 ··························· 56
행정 중심 도시, 세종특별자치시 ············· 58

대전광역시 ······························· 60
과학 연구 도시, 대전광역시 ··················· 62

경상북도 ··································· 64
전통 문화의 중심지, 경상북도 ················ 66

경상남도 ··································· 68
동해와 남해로 둘러싸인 경상남도 ··········· 70

대구광역시 ······························· 72
대표적인 분지 도시 대구광역시 ············· 74

울산광역시 ······························· 76
처용의 설화가 살아 있는 울산광역시 ······· 78

부산광역시 ······························· 80
대한민국 제2의 도시 부산광역시 ············· 82

전라북도 ··································· 84
식문화가 발달한 전라북도 ····················· 86

전라남도 ··································· 88
대륙의 끝에 있는 전라남도 ···················· 90

광주광역시 ······························· 92
민주화의 도시, 광주광역시 ···················· 94

제주특별자치도 ··························· 96
한반도에서 가장 큰 섬, 제주특별자치도 ····· 98

점점 더 중요해지는 땅, 함경북도

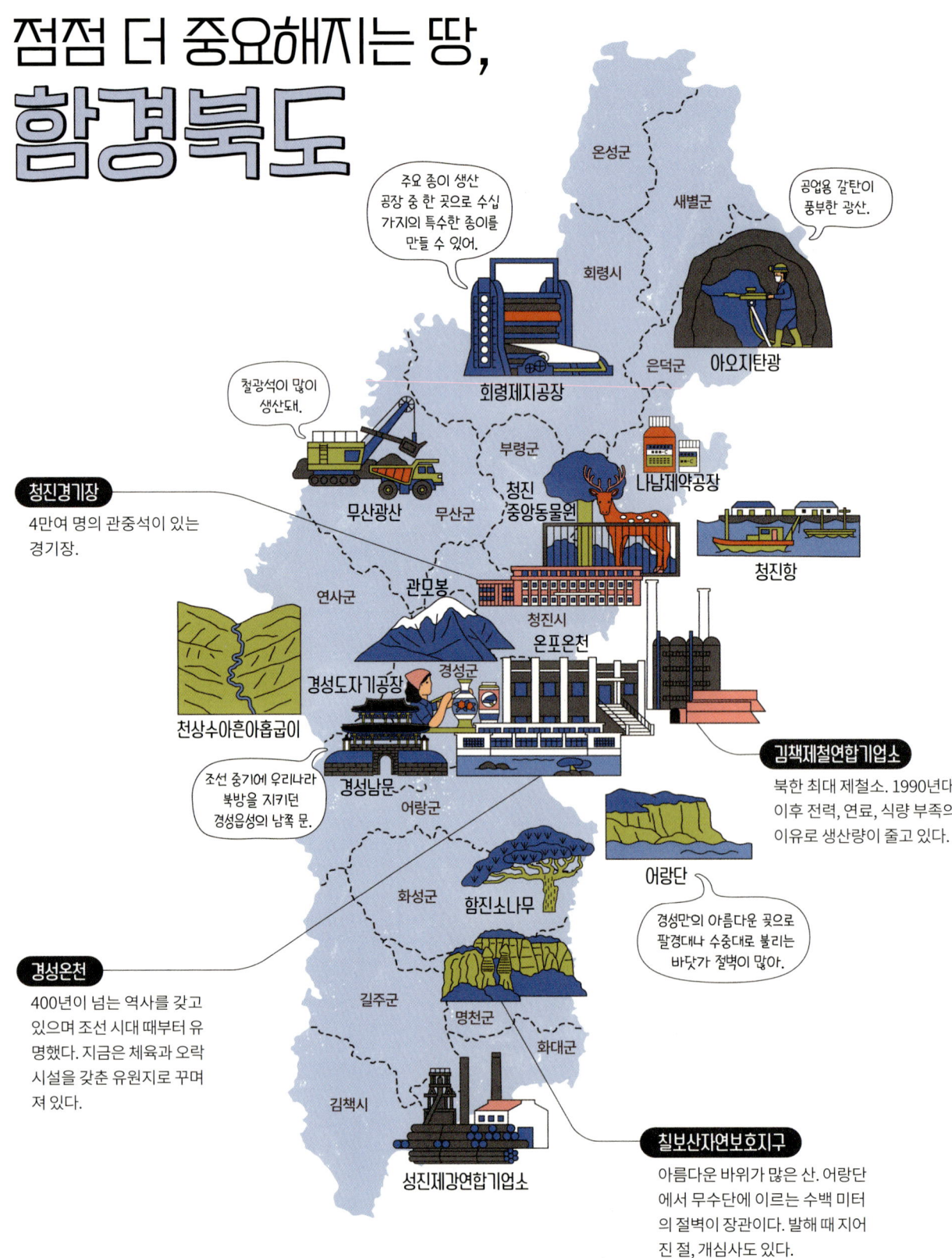

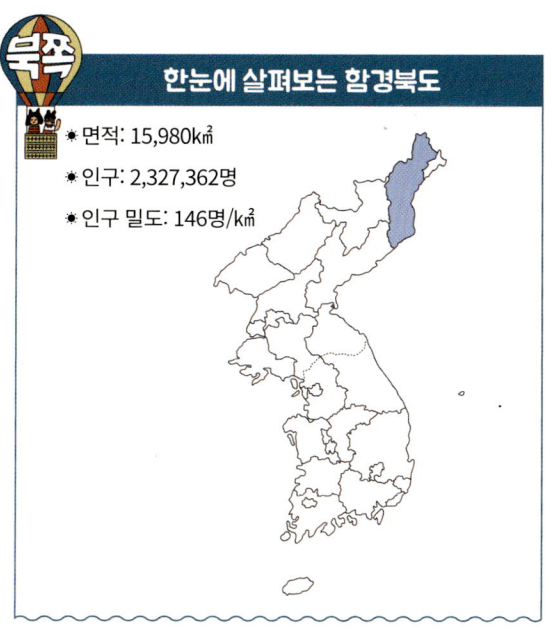

춥고, 안개가 자주 끼어요.

함경북도는 함경산맥을 경계로 남동부는 1월 평균 기온이 영하 6~8도이지만 북서부는 영하 10~16도로 굉장히 추워요. 해안 지역은 한류가 흘러 안개가 자주 끼는 바람에 해를 볼 수 있는 시간이 적고, 짙은 안개 때문에 비구름의 발달이 미약해 강수량이 적어요.

명태식해 먹어 보고 싶어요.

명태는 17세기 함경북도 '명'천군에서 '태' 씨 어부가 처음 잡은 물고기라고 해서 '명태'라 불렀대요. 예부터 함경도 부근의 동해에서 명태가 많이 잡혔는데 함경도에서는 명태로 식해를 담가 먹어요. 식해는 생선에 약간의 소금과 밥을 섞어 숙성시킨 음식이에요. 명태식해, 가자미식해가 그것이지요. 이외에도 명탯국, 순대, 창난젓, 명란젓 등도 유명해요.

밭농사를 많이 지어요.

함경북도는 겨울이 길고 여름이 짧으며, 비가 적게 내려서 벼농사 짓기에 좋지 않아요. 대신 가축을 키우거나 옥수수, 감자 등 밭농사를 짓지요. 또 담배 생산이 활발한데 특히 회령시가 유명해요. 동쪽으로는 찬 바닷물이 흐르고 있어서 명태, 청어, 대구 등이 잘 잡히지요. 양강도와 자강도 다음으로 목재를 많이 생산하는 곳이에요.

갈수록 중요한 땅이 될 거예요.

함경북도는 옛날부터 중요한 땅이었어요. 중국, 러시아와 가깝기 때문에 일제 강점기에 일본이 대륙을 침략하기 위한 군사적 요충지로 삼기도 했죠. 동시에 우리 독립운동가들이 열심히 활동했던 곳이기도 하고요. 21세기 들어 중국과 러시아의 투자를 받아 경제적으로 발전하면서 중요한 지역이 되고 있어요.

함경북도의 자랑, 김책제철연합기업소

김책제철연합기업소는 근처의 무산광산에서 캐낸 철광석으로 강철 등을 생산하는 기업이에요. 원래 청진제철소라 불렸는데, 1951년 김책제철소로 이름이 바뀌었다가 기업이 커지면서 1974년에 김책제철연합기업소가 되었어요. 철과 함께 수십 가지의 화학 제품을 생산하고 있지요. 이 기업소에는 병원, 요양소, 노동자회관, 공장 대학 등 보조 시설이 함께 마련되어 있답니다.

남북 최대의 도였던 함경남도

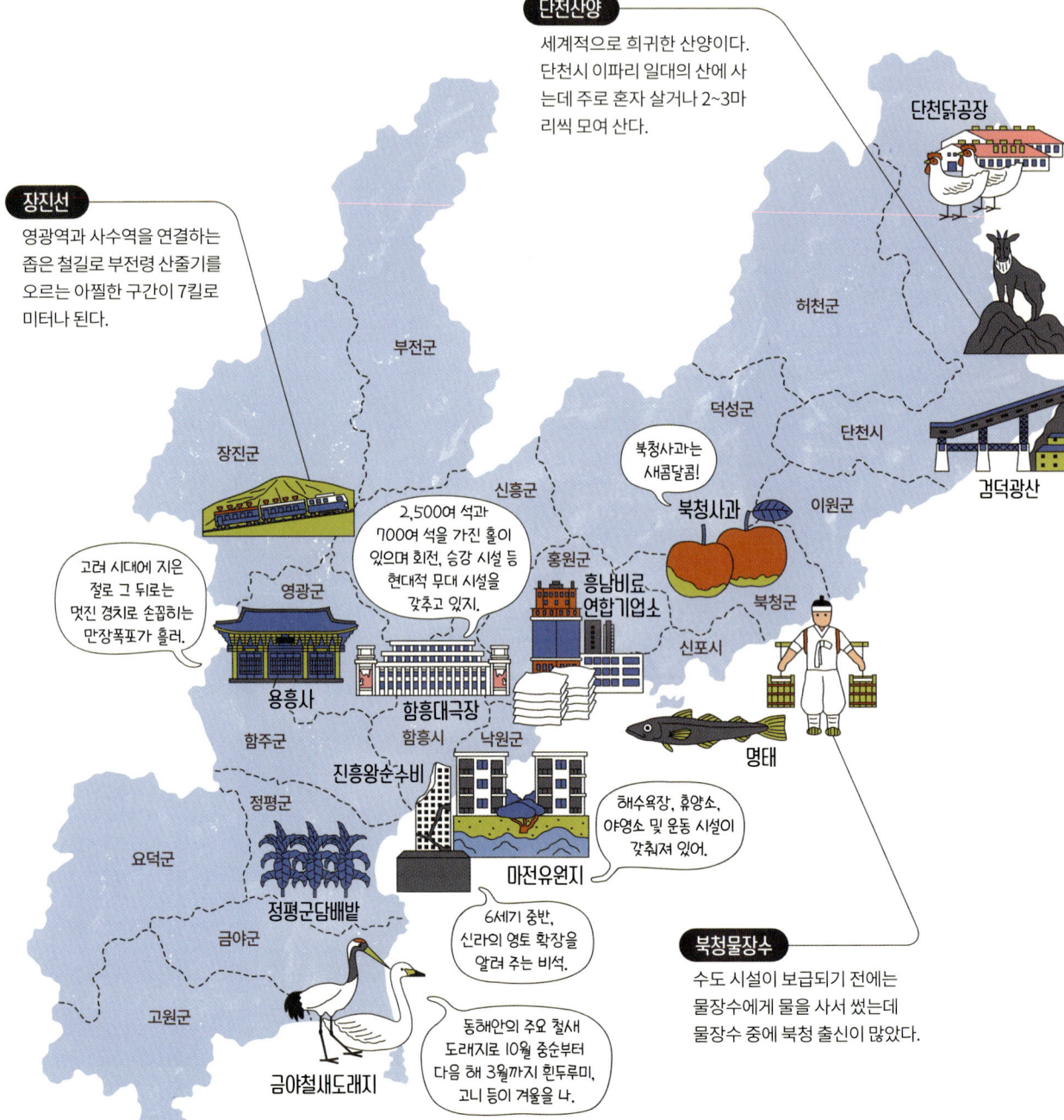

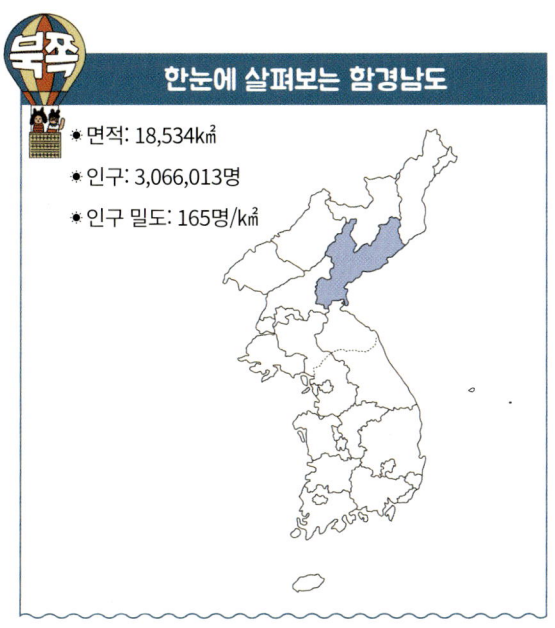

한눈에 살펴보는 함경남도
- 면적: 18,534㎢
- 인구: 3,066,013명
- 인구 밀도: 165명/㎢

한반도에서 가장 큰 도였어요.

함경남도는 한반도 북동부에 있는 도(道)예요. 원래 면적은 31,977.49제곱킬로미터로 남북한 통틀어 가장 넓은 지역이었어요. 그러나 1946~1954년에 많은 지역이 자강도, 양강도, 강원도로 편입되면서 지금은 면적이 크게 줄었어요.

90퍼센트 이상이 산지예요.

함경남도는 북쪽에 마천령산맥, 서쪽에 함경산맥, 남쪽에는 낭림산맥이 둘러싸고 있어요. 서쪽에서 동쪽으로 가면서 고도가 낮아져요.

서쪽과 동쪽 지역의 기온 차이가 커요.

함경남도의 북서쪽은 높은 산지로 이뤄져 있어 1월 평균 기온이 영하 16도까지 낮아지며 몹시 춥고 건조하지요. 하지만 동쪽은 함경산맥이 겨울 찬바람을 막아 주어 1월 평균 기온이 영하 3도로 서울과 비슷해요.

많은 야생 동물이 살아요.

함경남도에서는 검은곰, 스라소니, 북사슴, 만주사슴, 단천산양 등 다양한 야생 동물을 만날 수 있어요.

단천은 세계 최대의 마그네사이트 생산지예요.

함경남도는 예부터 임산, 수산, 광산 자원 등이 풍부한 곳이에요. 수력발전소를 세우며 공업화도 일찍 진행되었죠. 함흥시의 갈탄, 신흥군의 금, 단천시와 이원군의 철광석 등은 전국적으로도 유명해요. 특히 단천시의 검덕광산은 세계에서 가장 큰 마그네사이트 광산이며, 전 세계 매장량의 약 50퍼센트가 북한 지역에 매장되어 있어요.

부전강수력발전소는 최초의 수력발전소예요.

신흥군의 부전강수력발전소는 우리나라 최초의 유역변경식발전소예요. 유역변경식발전소란 높은 곳에 있는 댐의 물 일부를 터널을 통해 경사가 급한 곳으로 끌어들인 뒤 큰 낙차를 이용해 전기를 얻는 발전소이지요.

함흥냉면의 면발은 감자로 만들어요.

함흥냉면은 함흥의 향토 음식으로 '회냉면'이라고도 하죠. 감자녹말로 만든 면에 바다에서 잡은 가자미를 회 떠서 양념한 뒤 얹어 먹는 거예요. 함경도는 감자가 많아서 이를 이용한 음식이 많아요.

얼지 않는 항구가 있는
나선특별시

한눈에 살펴보는 나선특별시
- 면적: 746㎢
- 인구: 196,954명
- 인구 밀도: 264명/㎢

나진시와 선봉군이 합쳐 나선특별시가 됐어요.

북한은 나진·선봉 지역을 '자유경제무역지대'로 선정했어요. 1993년에 나진시와 선봉군이 합쳐져 나진·선봉시가 되었고, 2010년에 나선특별시로 승격되었어요.

해안에 자연 호수가 많아요.

나선특별시의 바닷가와 두만강 연안에는 서번포, 동번포, 만포 등 호수가 많아요. 또한 해안선이 복잡해 나진만, 이진만 등 크고 작은 만과 포구도 많지요. 서번포는 만의 입구가 모래톱으로 막혀 생긴 석호예요. 동번포와 좁은 목으로 연결된 하나의 호수이지만 위치상 서쪽에 있어서 서번포라 불려요. 한반도에서 제일 큰 자연 호수로 넓이가 16.12제곱킬로미터예요.

나선특별시는 매력이 넘쳐요.

나선특별시는 두만강 하류를 경계로 중국 및 러시아와 인접해 있어 오래전부터 대륙을 드나드는 관문 역할을 했어요. 동해안 수산 기지 역할도 했고요. 이곳에는 수산 사업소를 비롯해 수십 개의 수산 협동조합과 양식 사업소가 있어요. 국내외 수출입 관문이기도 한 나선특별시는 북한에서 유일하게 통행증 없이 들어갈 수 있는 곳이죠. 앞으로 외국인들에게 무비자 입국을 허용할 가능성이 있다고 해요.

창지투 사업으로 더욱 중요한 지역이 되었어요.

중국은 동북 3성의 경제 개발을 위해 창지투 개발개방선도구역 사업을 추진 중이에요. 창지투 사업은 창춘-지린-투먼을 잇는 지역을 개발하는 사업이지요. 하지만 이 도시들이 항구와 멀어서 해외 무역이 힘들다는 약점이 있어요. 이때 북한의 나진항을 이용하면 중국의 항구를 이용하는 것보다 수송비를 50~70퍼센트 절감할 수 있지요. 나선특별시는 2011년부터 중국과 러시아의 투자가 늘면서 더욱 중요한 지역이 되었어요. 중국은 나진항 4, 5, 6호 부두 건설권과 50년 사용권을 확보하면서 이곳에 여객기와 화물기용 비행장, 화력발전소, 철도 건설 투자를 결정했답니다.

한반도에서 가장 추운 땅, 양강도

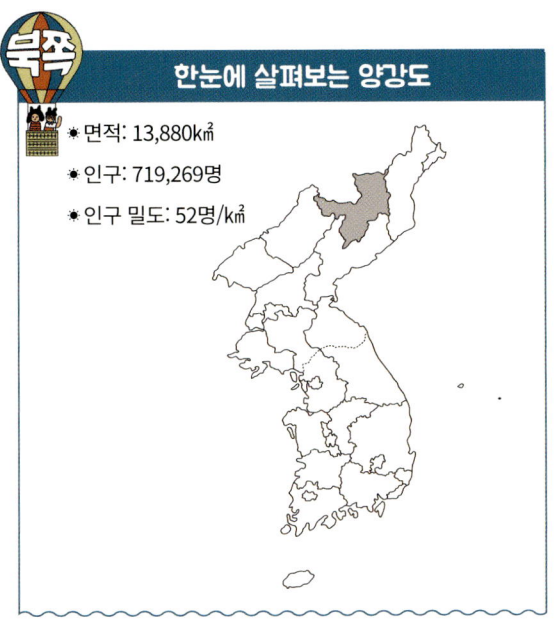

한눈에 살펴보는 양강도

- 면적: 13,880㎢
- 인구: 719,269명
- 인구 밀도: 52명/㎢

한반도에서 가장 추운 땅이에요.

북쪽에 위치한 양강도는 고도가 높아 겨울이 매우 추워요. 연 강수량도 약 600밀리미터 정도로 매우 적고, 9월 초순부터 서리가 내리기 시작하지요. 양강도의 산은 10월부터 5월 초까지 무려 200일 이상 눈이 쌓여 있어요. 특히 백두용암대지 지역은 1월의 평균 기온이 영하 17~20도로 정말 춥죠. 하지만 여름에는 20도 이상 오르기 때문에 여름과 겨울의 기온 차이가 무려 40도가 넘어요.

높은 산지예요.

양강도에는 한반도에서 가장 높은 백두산(2,744미터)과 한반도의 지붕으로 불리는 개마고원이 있어요. 또한 압록강이 흐르는 주변을 빼고는 거의 높은 산지예요. 평균 해발 고도만도 1,300미터 이상이며, 북포태산(2,288미터), 남포태산(2,433미터) 등 2,000미터 이상의 높은 산들이 많아요.

북한의 스키장을 소개합니다!

양강도 삼지연군에는 삼지연스키장과 베개봉스키장이 있어요. 1982년에 지어졌는데 삼지연군은 해발 고도가 높으면서, 비교적 평탄한 용암 대지가 발달한 곳이라 스키 타기에 아주 좋아요. 삼지연스키장은 세계적인 규모의 스키장으로 고도 1,370미터에, 슬로프 길이만 54킬로미터이고, 13개의 코스가 있어요.

대홍단군은 감자 천국이에요.

대홍단은 1952년 김일성 주석의 지시로 만든 종합 농장이에요. 1998년 김정일 국방위원장이 "감자는 흰쌀과 같다."고 말한 뒤, 대홍단군에 감자 연구소를 짓고 본격적으로 감자 농사를 짓기 시작했어요. 또 100곳이 넘는 감자 가공식품 공장을 세워 감자국수, 감자빵 등 여러 종류의 감자 식품을 생산하고 있어요.

지하자원과 임산 자원이 풍부해요.

양강도에는 구리, 납, 석탄, 고령토 등이 많고, 임산 자원이 풍부해요. 북한 전체 산림의 약 30퍼센트를 차지하지요. 또 들쭉 가공품과 맥주 등이 많이 생산되고 있어요. 이외에도 혜산시의 양강술, 삼지연군의 사슴이끼술, 운흥군의 오갈피술은 양강도의 특산품이에요.

자원이 풍부한
자강도

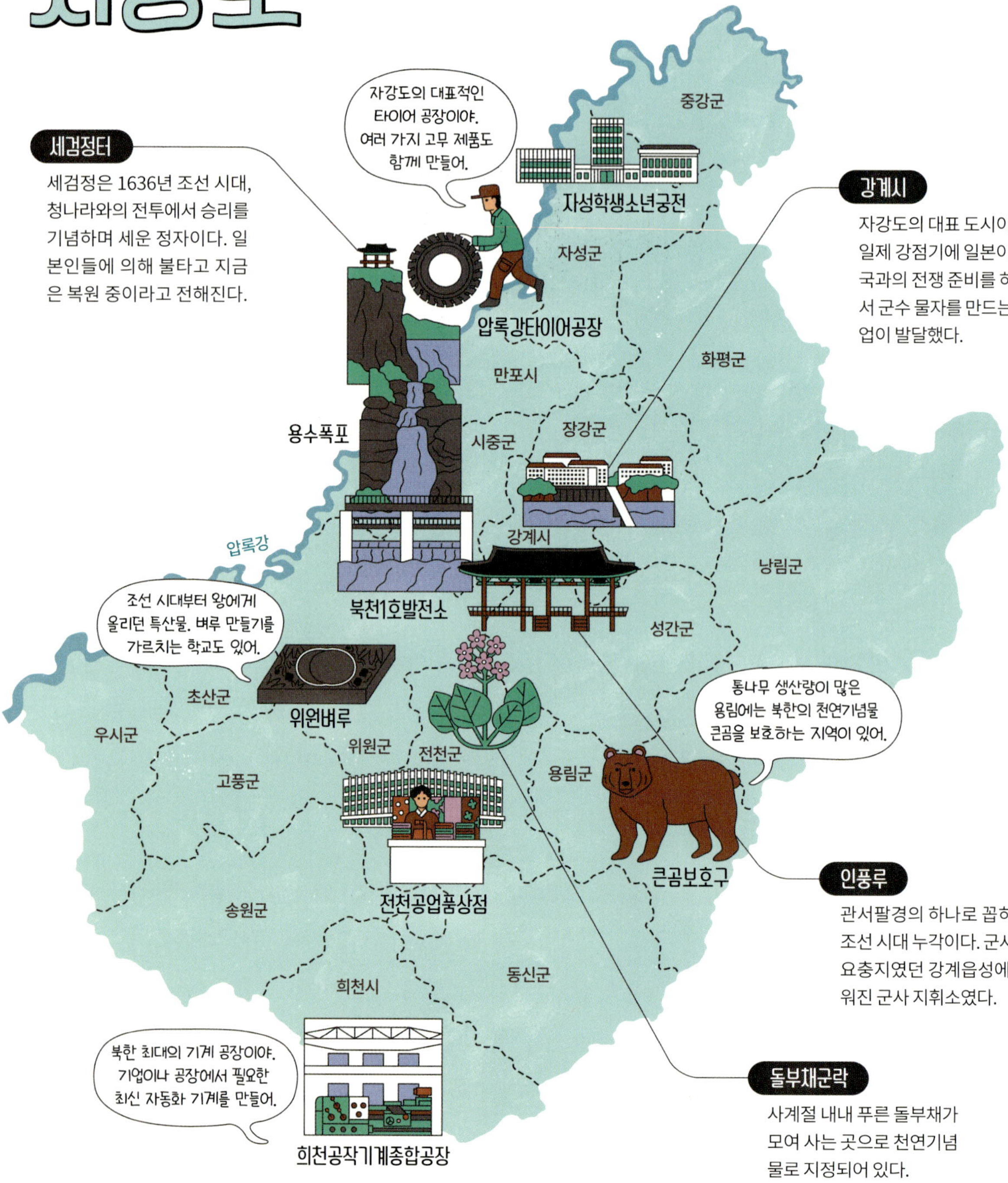

세검정터
세검정은 1636년 조선 시대, 청나라와의 전투에서 승리를 기념하며 세운 정자이다. 일본인들에 의해 불타고 지금은 복원 중이라고 전해진다.

자강도의 대표적인 타이어 공장이야. 여러 가지 고무 제품도 함께 만들어.

자성학생소년궁전

압록강타이어공장

강계시
자강도의 대표 도시이다. 일제 강점기에 일본이 중국과의 전쟁 준비를 하면서 군수 물자를 만드는 산업이 발달했다.

용수폭포

중강군
자성군
만포시
화평군
시중군
장강군
강계시
낭림군
성간군

압록강

북천1호발전소

조선 시대부터 왕에게 올리던 특산물. 벼루 만들기를 가르치는 학교도 있어.

위원벼루

초산군
우시군
고풍군
위원군
전천군
용림군

전천공업품상점

통나무 생산량이 많은 용림에는 북한의 천연기념물 큰곰을 보호하는 지역이 있어.

큰곰보호구

송원군
동신군
희천시

인풍루
관서팔경의 하나로 꼽히는 조선 시대 누각이다. 군사적 요충지였던 강계읍성에 세워진 군사 지휘소였다.

북한 최대의 기계 공장이야. 기업이나 공장에서 필요한 최신 자동화 기계를 만들어.

희천공작기계종합공장

돌부채군락
사계절 내내 푸른 돌부채가 모여 사는 곳으로 천연기념물로 지정되어 있다.

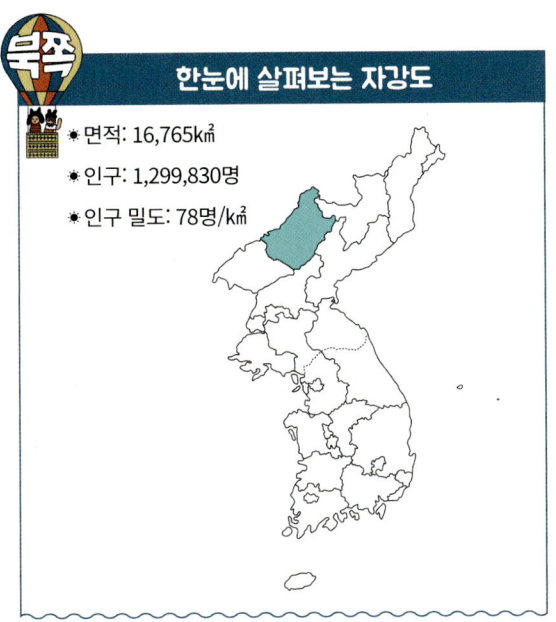

자성군과 강계시에서 한 글자씩 따온 이름이에요.

평안북도와 함경남도의 일부가 합쳐져 자강도가 되었어요. 현재 자강도는 강계시, 만포시, 희천시 3개의 시와 15개 군으로 되어 있고, 중심 도시는 강계시예요.

98퍼센트가 산이고 지역 간 기후 차이가 커요.

자강도에는 낭림산맥, 묘향산맥 등 높은 산맥들이 여럿 관통해 지나가요. 서쪽에서 동쪽으로 가면서 높아지는데 고도 2,000미터가 넘는 산도 있어요. 자강도의 1월 평균 기온은 영하 11~19도로 지역 간 차이가 커요. 자강도에서 가장 추운 곳은 자성군에 있는 중강진이에요.

자원이 풍부해요.

자강도는 철광석, 석회석, 무연탄, 금, 동, 흑연 등 지하자원이 풍부하지요. 광업이 일찍이 발달했는데, 특히 무연탄과 흑연이 많아요. 그리고 높은 산이 많아서 댐을 지어 수력발전소를 짓기에 유리하죠.

2012년 대규모 희천발전소를 완공했어요.

일반적으로 10년이 걸리는 대규모 공사인데 3년만에 완공했어요. 해발 800미터가 넘는 고지대의 지형 조건에서 말이에요. 희천발전소가 완공되면서 평양에 전기를 보내고, 청천강 주변의 농지와 주택 침수 피해를 줄일 수 있게 되었지요. 공업용수도 잘 조달할 수 있게 되었고요. 이 발전소의 규모는 42만 킬로와트로 북한 전력 생산량의 10퍼센트를 차지할 정도라고 해요.

군수 공업이 발달했어요.

사실 자강도는 산악 지역이라 공업이 발달하기 불리한 지역이에요. 하지만 일제 강점기 때부터 일본이 중국을 침략할 목적으로 중국과 가까운 자강도의 강계시, 전천군, 희천시 등에 군수 물자를 생산하는 공장과 기계를 만드는 공장들을 지었어요. 자강도는 교통이 불편하고 인구가 적지만 자원이 풍부한 장점이 있지요. 풍부한 자원을 바탕으로 강계공업지구에서 인민군을 위한 군수 물품, 기계, 트랙터 등을 생산하고 있어요.

아름답고 농사짓기 좋은
평안북도

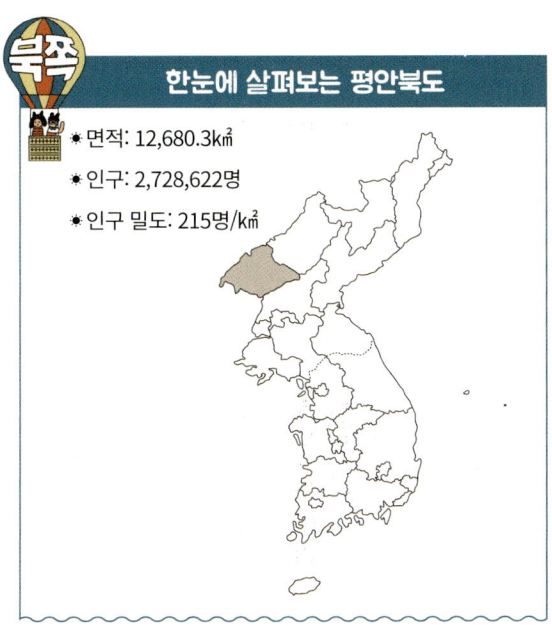

한눈에 살펴보는 평안북도
* 면적: 12,680.3㎢
* 인구: 2,728,622명
* 인구 밀도: 215명/㎢

묘향산이 있어요.

묘향산을 사랑한 서산대사는 "금강산은 수려하되 장엄하지 않고, 지리산은 장엄하되 수려하지 않지만 묘향산은 장엄하면서도 수려하다."고 했어요. 지리산과 금강산을 합친 것처럼 묘향산이 아름답다는 뜻으로 하신 말씀이지요.

아름답고 농사짓기 좋은 땅이에요.

평안북도는 대체로 북동쪽에서 서남쪽 지역으로 가면서 낮아져요. 평안북도는 농사짓기에 참 좋은 땅이에요. 남쪽에 용천평야, 박천평야 등이 펼쳐져 있지요. 해안가는 해안선이 복잡하고, 철산반도를 포함해서 대화도, 탄도 등 섬이 많아요. 평안북도에는 북쪽으로 흐르는 압록강과 남쪽으로 흐르는 청천강, 그 외 대령강 등이 있고, 댐 건설로 만들어진 50여 개의 인공 호수가 있어요.

자원이 풍부해요.

평안북도는 금이나 석회석, 흑연 등이 많이 나고, 압록강을 이용한 수력 발전이 이루어져요. 특히 수풍수력발전소는 삭주군에 위치한 북한 최대의 수력발전소예요. 압록강을 이용해 생산한 전력을 북한과 중국이 나누어 사용하다가 현재는 북한이 쓰고 있어요.

지역별 강수량 차이가 커요.

평안북도의 연 강수량은 강의 상류 지역이냐 하류 지역이냐에 따라 달라요. 대동강, 청천강 상류 지역은 비가 1,300밀리미터나 내리는 다우지예요. 강 상류 지역의 높은 산자락을 만난 구름 떼가 많은 비를 내리기 때문이죠. 하지만 강 하류 지역은 900밀리미터 내외로 적게 오는 소우지이지요.

신의주특별행정구가 다시 살아날까요?

북한이 신의주시를 중국의 홍콩처럼 국제적인 도시로 발전시키려고 2002년에 경제 중심인 특별행정구로 지정했어요. 당시 계획은 금융, 무역, 공업, 첨단 과학, 오락·관광 지구로 개발하는 것이었죠. 하지만 이 계획은 외국의 투자 자본이 북한으로 흘러갈까 염려한 중국의 반대로 결국 흐지부지되었어요. 그러다가 2011년 압록강 하구의 작은 섬 '황금평'에서 북·중 경제 협력을 선언하는 착공식이 열렸어요. 중국에게 개발을 맡기고 투자를 받는 식이었지요. 그렇게 되면 '중국판 개성공단'이 되는 거예요.

산맥으로 둘러싸인 평안남도

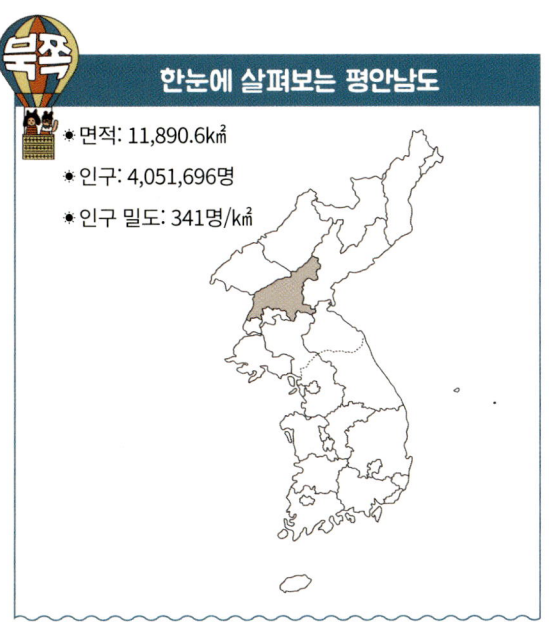

한눈에 살펴보는 평안남도
* 면적: 11,890.6㎢
* 인구: 4,051,696명
* 인구 밀도: 341명/㎢

평안남도 평성시는 어떤 도시일까요?

평성시는 1960년대부터 과학 연구 기지가 들어선 북한의 중요 도시예요. 이곳에는 과학원을 비롯해 연구소와 이과대학 등이 몰려 있어요. 특히 평성이과대학은 북한의 영재들만 입학하는 학교예요. 과학 연구 기지에는 평양이나 함흥 등에서 이주해 온 과학자와 그의 가족들이 많아요. 평성과학도서관은 평양의 인민대학습당이 생기기 전까지는 북한에서 가장 큰 규모였어요.

평양직할시와 남포특별시가 분리되었어요.

본래 평안도라 부르다 조선 후기부터 평안남도와 평안북도로 나뉘었어요. 평안남도에서 평양직할시와 남포특별시가 분리되면서 과거보다 많이 좁아졌지요. 현재 5개 시와 14개 군으로 되어 있고, 도의 중심 지역은 평성시예요.

무연탄 생산이 매우 많지요.

평안남도는 지하자원이 풍부한데, 특히 금과 석탄이 한반도에서 가장 많이 나는 곳이에요. 석탄은 북부탄전과 남부탄전에서 많이 나는데, 대부분 무연탄이에요. 남부탄전은 대동강 연안에 있고, 북부탄전은 순천시, 개천시, 평안북도 영변군에 걸쳐 있어요. 평안남도는 이런 풍부한 자원을 이용해 화학 공업, 시멘트 공업, 농기계 공업 등이 발전했어요.

쌀 생산이 많은 곳이에요.

평안남도는 북한을 대표하는 벼농사 지역이에요. 한때는 이곳의 쌀이 북한 총 생산량의 20퍼센트 이상을 차지했어요. 그리고 옥수수, 감자 등 밭농사도 많이 지어요. 특히 옥수수는 순천시, 개천시를 중심으로 북한 제1의 생산지예요.

3개의 큰 산맥에 둘러싸여 있어요.

평안남도의 동쪽 지역은 낭림산맥이, 북쪽으로는 묘향산맥이, 남쪽으로는 언진산맥이 지나고 있어요. 동쪽에서 서쪽으로 가면서 점차 낮아지다가 바다와 만나지요. 낭림산맥은 2,000미터가 넘는 높은 산들로 이뤄진 산맥이자 관북 지방과 관서 지방의 경계가 되는 산맥이지요. 낭림산맥을 중심으로 지역의 문화 차이가 커졌어요. 그나마 검산령(1,127미터), 모도령(1,415미터), 마유령(972미터), 거차령(557미터) 등의 고개가 두 지방을 잇는 중요 통로 역할을 해 주었어요.

북한 최대의 도시, 평양직할시

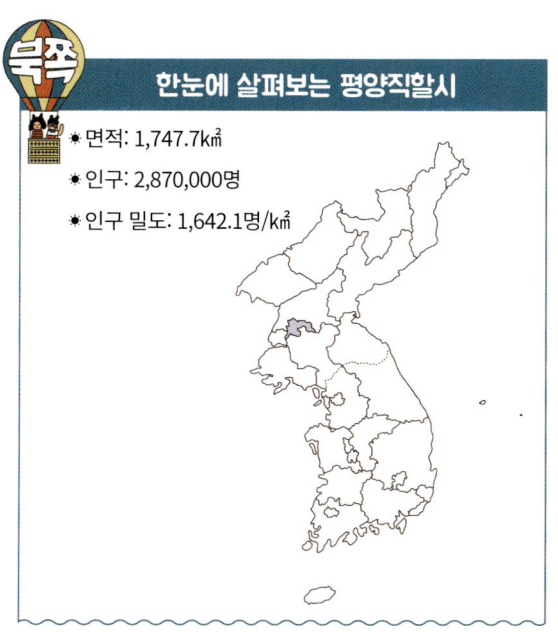

한눈에 살펴보는 평양직할시
* 면적: 1,747.7㎢
* 인구: 2,870,000명
* 인구 밀도: 1,642.1명/㎢

북한의 수도예요.

오늘날 평양직할시는 북한의 수도이자, 정치·경제·문화의 중심지예요. 1945년 해방 직후에는 일반 시였으나 1946년에 특별시로 승격되었고, 이후 직할시로 이름이 바뀌었어요.

세계 제일의 공원 도시를 꿈꿔요.

평양직할시는 '세계 제일의 공원 도시'가 되려고 해요. 무려 70여 개의 공원이 있을 정도이지요. 연광정은 관서8경의 하나이고, 모란대 공원은 금수산에 있는 공원으로 북한이 자랑하는 을밀대, 부벽루 등이 있어요.

꼭 보아야 할 평양8경은 무엇일까요?

1경은 을밀대에서 하는 봄꽃 놀이 풍경, 2경은 부벽루에서의 달맞이, 3경은 해질 무렵의 영명사, 4경은 애련당에서 보는 비 내리는 풍경, 5경은 보통강 나루터, 6경은 늦가을에도 푸른 용악산 소나무, 7경은 거문 즉, 평양 외성의 남문 앞 대동강에서의 뱃놀이, 8경은 이른 봄 대동강 북쪽의 바닷물과 얼음이 떠내려가는 풍경이에요.

북한에서 인터넷은 어떻게 이용할까요?

북한의 인터넷 사이트 서버는 해외에 있어요. 그리고 전국을 연결하는 광케이블 인터넷은 특정 기관이나 연구소 및 군 기관 등에서만 사용할 수 있지요. 일반 기관이나 개인은 전화선을 이용해요. 평양직할시에도 PC방이 있는데 대학생과 기술자들이 주로 온대요.

세계 최고의 평양교예단 공연을 보고 싶어요.

교예(곡예)는 서커스의 수준을 넘어 사회주의 예술로 평가되지요. 평양교예단은 모란봉교예단과 함께 북한을 대표하는 교예단으로서 서커스 실력이 독보적이에요. 국제 대회에서 여러 차례 최우수상을 받았어요. 지금도 유럽 순방 공연을 하면 전 좌석이 매진될 정도로 인기가 좋아요.

조선중앙텔레비전방송국이 있어요.

조선중앙텔레비전방송국은 평양직할시에 있는 국영텔레비전방송국이에요. 대한민국의 한국방송공사(KBS)가 창립된 것보다 10년 먼저인 1963년에 첫 방송을 시작했지요. 컬러 방송도 북한이 먼저 시작했어요. 교육, 문화, 체육, 영화 등 여러 내용으로 편성되지요.

점점 규모가 커지는 남포특별시

천리마제강연합기업소
일제 강점기에 세워진 기계 금속을 만드는 기업으로 근로자가 만 명이 넘는 큰 기업이다.

강서세무덤의 벽화는 고구려 회화 예술을 잘 보여줘.

천리마구역

강서세무덤

수산리벽화무덤

유서 깊은 소금 산지야. 질 좋은 천일염이 만들어져.

온천군

고구려 평양을 지켰던 중요한 성 중 하나.

강서구역

강서약수

귀성제염소

황룡산성

20여 곳에서 나오는 약수야. 염증이나 병 치료에 효과적이래.

나는 북한의 희귀종. 다른 쇠부리도요들보다 몸이 작고 부리는 짧지.

용강군

대안중기계연합기업소

쇠부리도요

원산의 송도원 해수욕장과 함께 북한이 개방하고 있는 대표적인 해수욕장.

대안등나무

대안구역

와우도해수욕장

남포항

서해갑문
세계적인 규모이자 북한 최대의 갑문이다. 농업과 공업용수를 확보하고 홍수도 방지하기 위해 세웠다.

천리마운동
하루에 천리(대략 서울에서 부산까지의 거리)를 달리는 천리마처럼 생산성을 획기적으로 높이자는 운동으로 1958년, 이곳에서 시작되었다.

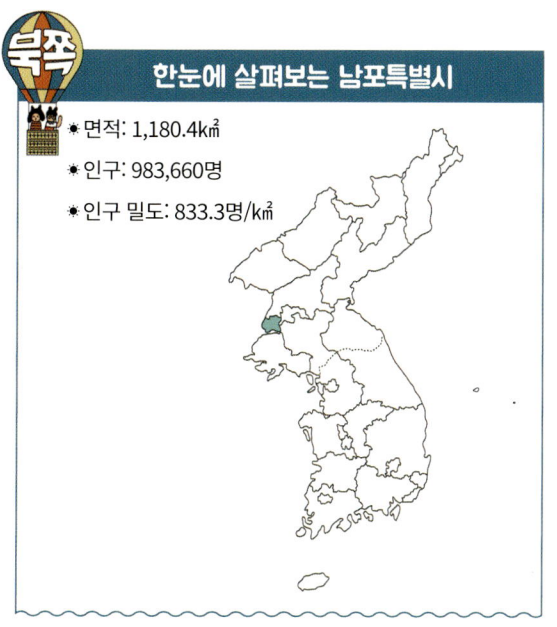

한눈에 살펴보는 남포특별시
* 면적: 1,180.4㎢
* 인구: 983,660명
* 인구 밀도: 833.3명/㎢

2010년 남포특별시가 되었어요.

남포특별시는 서해에서 수도 평양으로 들어가는 길목에 있는 도시예요. 대한민국으로 따지면 인천과 같은 곳이지요. 조선 시대까지는 작은 어촌이었어요. 하지만 1894년 청나라와 일본이 전쟁을 하면서 일본군의 전쟁 기지가 되었어요. 1904년 러일 전쟁 때도 일본에게 이용되었지요. 1945년까지 진남포시라고 불리다가 1950년 남포시가 되었고, 직할시, 특급시를 거쳐 2010년에 남포특급시와 인근의 5개 군이 합쳐져 남포특별시가 되었어요.

낮은 산과 평야가 많아요.

남포특별시는 대체로 고도 300미터 미만의 낮은 산과 평야로 이루어져 있어요. 한반도의 다른 지역과는 반대로 서쪽에서 동쪽으로 가면서 낮아지지요. 서쪽에는 남포특별시에서 제일 높은 오석산(566미터)이 있어요. 반면 동쪽에는 고도 100미터 미만의 구릉지들이 대부분이지요.

여름이 건조한 편이에요.

남포특별시는 황해의 영향으로 내륙보다 겨울철에 따뜻하고 여름철에 시원해요. 1월 평균 기온은 영하 6.5도이며, 연 강수량은 약 800~900밀리미터예요.

평양직할시와 함께 북한 최대 공업 지역이에요.

남포특별시는 북한 최대의 종합 공업 지역인 평양공업지구에 포함되지요. 남포특별시는 바닷길이 편리하고, 지하자원과 공업용수가 풍부하며 수도 평양직할시와 가까워 공업이 발달하기 유리한 조건이에요. 남포항을 중심으로 발달한 공업 지역에는 화학 공업과 기계 공업 그리고 배를 만들거나 수리하는 조선 공업이 발달했어요.

남포특별시 서해갑문 공사는 쉽지 않았어요.

서해갑문은 평양과 대동강 하류 지역의 홍수를 막고, 농업이나 공업에 쓸 물을 얻고, 대동강을 안정적인 물길로 이용하려고 건설했어요. 처음에는 이름이 남포갑문이었는데, 서해갑문으로 바뀌었죠. 서해갑문은 대동강 하구 약 10킬로미터를 가로막아 만들었는데 3개의 갑실과 36개의 수문으로 되어 있어요. 마지막 물막이 공사 때 물살이 워낙 세서 많은 사람들이 죽었어요.

개성공단이 있는 황해북도

검은모루동굴유적
전기 구석기 시대의 동굴 유적으로, 단양 금굴 유적과 함께 한반도에서 가장 오래된 동굴 유적.

고려 시대에 지어진 절로 당시 목조 건축의 수준을 알 수 있어.

성불사

심원사

평양밤
가시가 짧고 밤알이 작지만 무척 달아서 구워 먹기에 좋아.

동산리소나무

대바위산

봉산탈춤
황해도 봉산 지역에서 이어져 온 탈춤.

태백산성

조선 초기, 고려의 충신 정몽주가 조선의 이방원이 보낸 자객에게 죽임을 당한 장소로 유명해.

선죽교

개성인민병원

중조우의림

정방산성
고려 시대, 한반도 중부를 가로지르는 정방산맥 서쪽에 쌓은 산성으로 둘레가 12킬로미터나 된다. 황해도 지방의 가장 큰 요새 역할을 해 왔다.

지탑리유적
신석기 시대부터 초기 철기 시대에 이르는 유물과 유적이 발굴된 곳이다.

개성공업지구
남북한이 함께 추진한 경제 특구. 2016년 2월까지 125개의 기업이 있었으나 그해 남북 관계가 나빠지면서 거의 문을 닫았다.

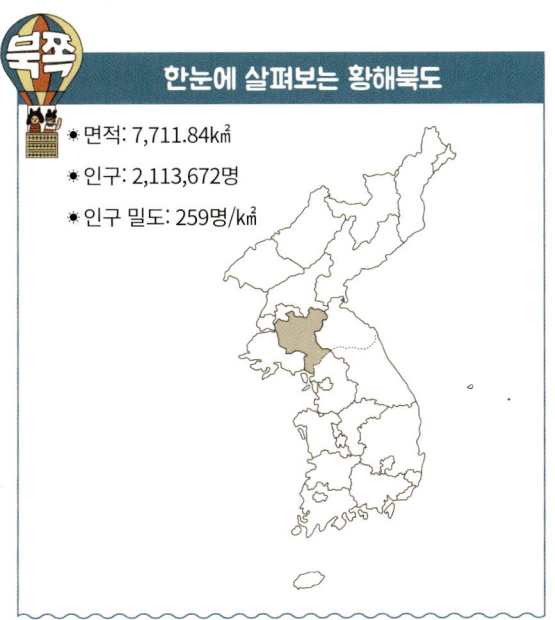

한눈에 살펴보는 황해북도
* 면적: 7,711.84㎢
* 인구: 2,113,672명
* 인구 밀도: 259명/㎢

황해북도에서는 어떤 농사를 많이 지을까요?

황해북도는 들이 넓고, 기후가 좋고, 저수지가 많아서 벼농사가 유리해요. 그 외 소, 돼지 등 가축을 키우거나 산지에서는 누에를 키우는 양잠업도 하지요. 곡물 농사로는 쌀 이외에도 옥수수, 보리, 밀 등을 재배하며, 배추, 미나리 같은 채소 농사도 지어요. 비가 적은 곳에서는 과일 농사를 짓는데 특히, 황주사과와 봉산대추가 맛있기로 유명해요.

언덕과 평야가 많아요.

황해북도는 북쪽과 동쪽 지역이 높고, 서쪽과 남쪽 지역이 낮아요. 북쪽에는 황해북도에서 가장 높은 하람산(1,485미터), 동쪽에는 1,000미터가 넘는 육판덕산, 백년산 등이 있어요. 하지만 90퍼센트 이상이 500미터 미만의 언덕과 평야예요. 예성강 주변에 금천평야, 황주강 주변에 황주평야, 재령강 주변에 재령평야가 펼쳐져 있지요.

송림제철소는 우리나라 최초의 제철소예요.

우리나라 최초의 제철소인 송림제철소가 있어요. 일제 강점기 때 일본의 미쓰비시사가 세운 제철소로 대동강에서 물을 끌어와 쓸 수 있고, 주변에서 철광석을 구할 수 있어 활발하게 운영되었지요. 하지만 여기서 생산된 철은 주로 일본으로 공급되었어요. 1945년 광복 후 황해제철소로 이름을 바꾸었지요.

개성공업지구는 남북 협력 지역이에요.

개성시 봉동리에 있는 개성공업지구는 남북한이 함께 만든 공업지구예요. 개성공단으로 불리죠. 2000년 대한민국 기업인 현대아산과 북한 정부가 합의하여 시작되었어요. 대한민국의 높은 기술과 넉넉한 자본 그리고 북한의 풍부한 노동력을 합쳐서 만든 경쟁력 있는 공단이에요. 지금은 중단된 상태이지만 재개를 도모 중이고 한반도종단철도와 시베리아횡단철도, 중국횡단철도가 하나의 철도로 이어지는 날이 오면 동북아시아의 중심 공단이 될 거예요.

개성시에서 나는 인삼이 고려인삼의 원조라고요?

개성시는 세계적으로 유명한 고려인삼의 원산지예요. 고려인삼은 귀족이 많이 살던 개성을 중심으로 그 명맥이 유지되어 왔지요. 최근에 북한은 개성고려인삼을 원료로 금패고려인삼주, 인삼 화장품 등을 개발해서 판매하고 있어요.

북한의 곡식 창고, 황해남도

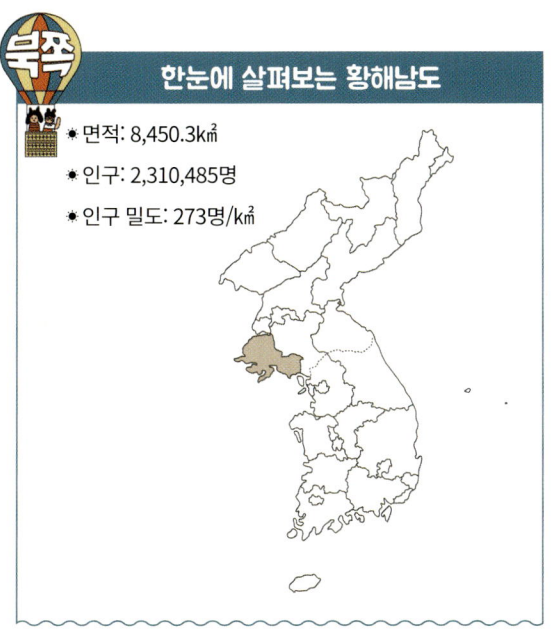

한눈에 살펴보는 황해남도
* 면적: 8,450.3㎢
* 인구: 2,310,485명
* 인구 밀도: 273명/㎢

북한의 곡식 창고예요.

황해남도는 북한 지역 중에서 농사짓기에 가장 좋은 곳이에요. 재령평야, 연백평야 등이 펼쳐져 있어서 북한의 곡식 창고로 불리지요. 한편 해주항과 몽금포항을 중심으로 멸치, 전어, 새우잡이가 활발하고, 얕은 바다에서는 김, 다시마, 미역 등 양식업도 하고 있지요.

해주비빔밥을 먹어 볼까요?

북한은 남쪽보다 기온이 낮아 전통적으로 싱겁고 담백한 음식이 많아요. 황해도는 해주비빔밥이 유명한데, 하얗고 윤기가 도는 연백쌀로 밥을 하며, 반드시 고사리와 김이 들어가지요. 또 녹두로 만든 음식을 같이 먹어요.

비가 적은 곳이에요.

황해남도의 연 강수량은 700~900밀리미터 내외인 지역이 대부분이에요. 이렇게 강수량이 적은 관계로 저수지를 많이 만들었지요.

비교적 평탄한 지역이에요.

황해남도는 대부분이 낮은 구릉성 산지와 평야예요. 해안선은 복잡한 편이지만 장산곶 북쪽 해안은 단조롭지요. 황해남도에는 재령평야를 만든 재령강이 흘러요. 남에서 북으로 흐르다가 대동강으로 합류되지요. 그리고 재령강의 중상류에는 댐 건설로 만들어진 '은파호'와 '장수호'라는 큰 호수가 있어요.

철광석이 많이 나요.

황해남도에는 철광석이 많이 나요. 은율광산, 재령광산 등에서 생산되는 철광석은 거의 황해제철연합기업소로 가지요. 또 신원군을 중심으로 석회석이 풍부한데 대부분 해주시멘트공장으로 보내져요. 그리고 몽금포와 구미포의 바닷가에는 유리의 원료인 규사가 많답니다.

옹진참김에 밥 싸 먹어 봤으면!

황해남도 옹진군 앞바다에는 옹진참김이 나요. 특히 용호도, 신도 주변에 많지요. 옹진 참김은 질이 좋아 천연기념물로 지정되었어요. 말린 김에는 탄수화물, 단백질, 비타민 등 영양분이 풍부해요.

둘로 나뉜 북한 강원도

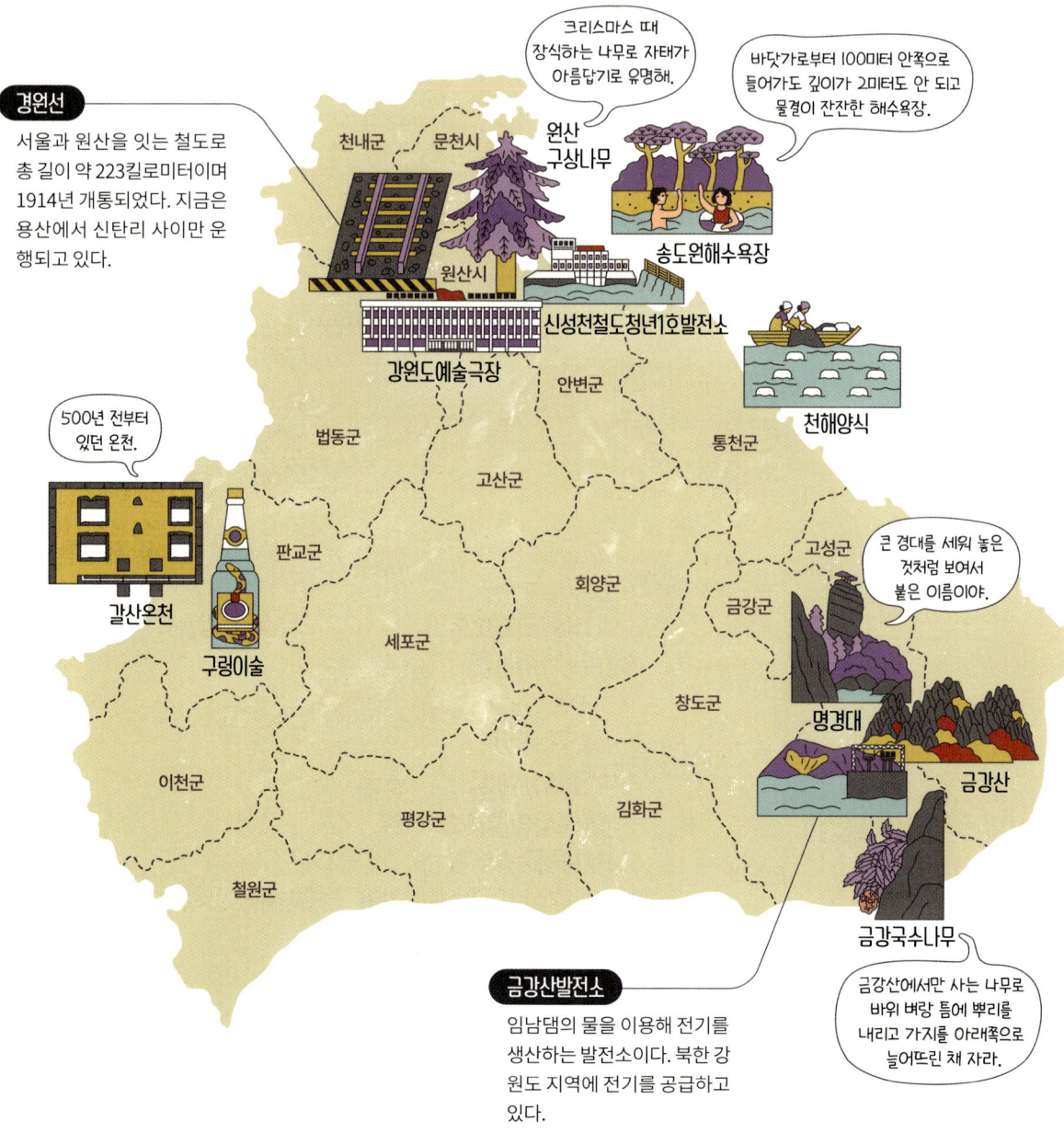

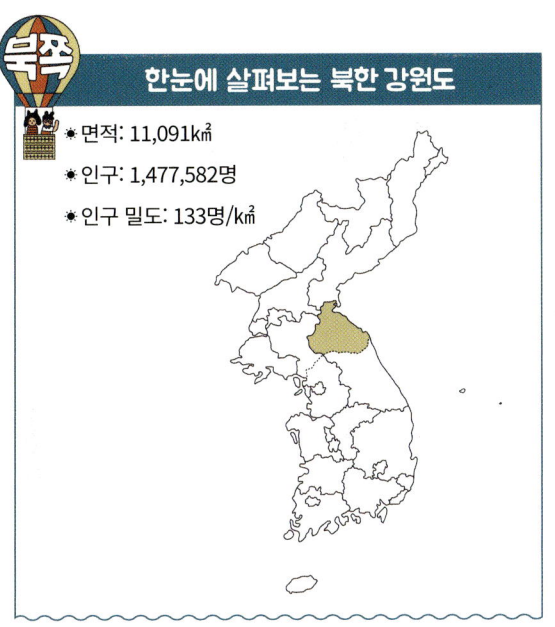

한눈에 살펴보는 북한 강원도
* 면적: 11,091km²
* 인구: 1,477,582명
* 인구 밀도: 133명/km²

강원도는 남과 북으로 나뉘어 있어요.

1945년 8월, 우리나라는 광복을 맞이했지만 미국과 소련에 의해 국토가 남북으로 나뉘었어요. 그때 강원도도 남북으로 나뉘었지요. 철원군, 김화군, 고성군은 남북에 걸쳐 있어요.

태백산맥이 시작되는 곳이에요.

북한 강원도는 동쪽으로는 태백산맥이 세로로 지나고, 북쪽으로는 마식령산맥, 남쪽으로는 광주산맥이 가로로 지나는 등 높은 산과 고원이 많아요. 특히 태백산맥에는 우리 땅에서 가장 아름답다는 금강산과 관서, 관북, 관동 지방의 경계가 되는 고개인 철령이 있어요.

원산항은 동해 지역 경제의 중심이에요.

원산시 동쪽 바닷가에 있는 원산항은 일제 강점기 때부터 항구였어요. 육지 쪽으로 들어간 원산만에 자리 잡은 원산항은 북항과 남항 2개의 항으로 나뉘어 있지요. 원산항은 갈마반도가 방파제 역할을 해 물결을 잠재워 주고 수심이 깊으며, 아침저녁으로 간만의 차이가 적어 큰 선박이 정박하는 데 좋은 조건을 가지고 있어요. 1945년 광복 후 동해안의 중요한 무역 항구로 성장했지요. 특히 원산을 중심으로 철도와 도로가 연결되어 있기 때문에 북한의 경제 발전에 매우 중요한 곳이에요.

원산공업지구는 어떤 곳일까요?

일제 강점기부터 북한 8대 공업지구로 기계, 금속, 시멘트, 방직 공업이 발달했던 곳이에요. 이곳은 원산항이 있어서 원료와 제품의 수송에 유리하고, 평양을 포함해서 함경도의 함흥이나 김책 같은 주요 도시들과 철도나 고속도로로 연결되어 있어 교통이 편리하지요.

금강산관광특구가 뭐예요?

북한이 2002년 11월 금강산 일대를 관광특별지구로 지정했어요. 북한 최초의 관광특구인데, 대한민국의 기업이 투자해 개발하는 식이에요. 대한민국 기업은 바로 현대아산인데 이 기업의 고(故)정주영 회장 고향이 북한이에요. 그래서 현대아산은 북한 투자에 매우 적극적이었어요. 금강산은 북한이 대한민국에 처음 관광을 허락한 산이자 대한민국 사람들이 매우 가고 싶어 하는 산이기도 해요. 2008년까지 많은 사람들이 금강산에 다녀왔지만 지금은 중단되었어요.

한눈에 살펴보는 경기도

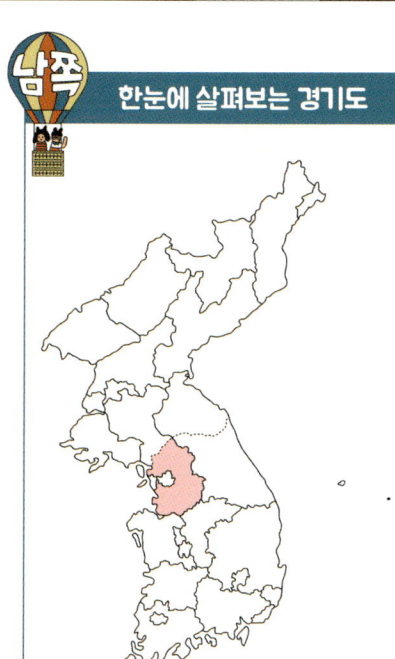

* 면적: 10,171㎢
* 인구: 13,465,837명

경기도의 대표 산: 화악산
경기도의 꽃: 개나리
경기도의 나무: 은행나무
경기도의 새: 비둘기

봉선사

양헌수장군 승전비

봉선사 대종

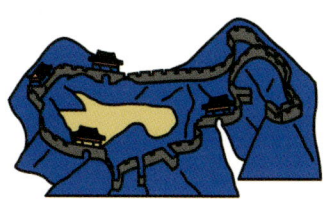

남한산성
서울을 지켜 온 산성. 7~19세기까지 성 쌓는 기법의 발달을 고루 살펴볼 수 있다.

수원화성

서울을 둘러싼
경기도

선사 시대 때부터 많은 사람들이 살았어요.

경기도는 강을 끼고 발달한 평야가 많아서 수만 년 전부터 사람들이 살았어요. 연천군 전곡리의 구석기 시대 유적지와 하남시 미사동의 신석기 시대 유적지, 여주 흔암리의 청동기 시대 유적지 등이 바로 그 증거이지요.

대한민국에서 인구가 가장 많아요.

경기도는 2020년 현재 유일하게 인구 1,300만 명을 넘는 곳이에요. 서울 인구도 경기도보다는 적어요. 1990년대 중반부터 서울 인구가 경기도로 빠져나오면서 인구가 계속 늘었어요. 대한민국에서 인구 증가율이 가장 높은 곳이죠. 면적은 대한민국의 10퍼센트 정도이지만 인구는 전체 인구의 약 25퍼센트로 밀도가 높아요. 가구당 자동차 보유 대수도 전국에서 가장 많고, 지역 내 총생산도 서울 다음으로 많아요. 지역 내 총생산은 그 지역의 산업을 통해서 생산하는 가치가 얼마인지를 말해 주는 거예요. 지역 내 총생산이 많다는 것은 인구가 많고 소득이 높다는 뜻이지요.

수원화성은 유네스코세계문화유산이에요.

수원화성은 둘레가 5,743미터나 되지요. 원래 수원성이 있었는데 조선 정조 때 성곽을 새로 지으면서 화성이라 했어요. 화성은 돌과 벽돌을 같이 써서 지은 점, 거중기와 같은 과학적인 기계를 쓴 점, 화포를 이용한 점 등이 높은 가치로 인정받아서 1997년 유네스코세계문화유산으로 등록되었어요.

서울특별시의 위성 도시가 많아요.

서울특별시에는 정치, 경제, 사회 기능이 지나치게 집중되어 있어요. 그래서 이런 기능을 분담해야 할 도시가 필요해요. 이런 도시를 위성 도시라고 하지요. 서울특별시를 중심으로 경기도의 여러 위성 도시들이 마치 포도송이처럼 다닥다닥 붙어 있어요. 아침이면 수많은 사람들이 위성 도시에서 서울특별시로 출근을 하고 저녁이면 집으로 돌아가지요. 대표적인 위성 도시는 안양, 부천, 의정부, 구리, 광명, 과천, 하남, 김포, 성남, 고양, 군포, 의왕 등으로 주로 경기도에 있어요. 출퇴근 시간마다 교통 체증이 생기는 곳이지요.

경기도에는 판문점이 있어요

경기도에서 열리는 축제에 초대합니다!

경기도 여주에서는 4월 말 또는 5월 초에 도자기축제가 열려요. 여주는 예부터 깨끗한 물, 울창한 소나무, 질 좋은 고령토로 유명한 도자기 생산지예요. 국내에서 쓰이는 도자기의 60퍼센트가 여기에서 만들어져요. 도자기축제에서 도자기 만드는 체험도 할 수 있어요.

봄이면 경기도 고양에서 고양국제꽃박람회가 열려요. 네덜란드, 미국, 콜롬비아, 일본, 남아프리카공화국 등 해외와 국내 기업이 참가해 아름답고 독특한 품종들을 소개하지요. 아름다운 꽃뿐 아니라 꽃으로 장식한 옷으로 패션쇼를 하는 바디플라워쇼, 플라워디자인경진대회 등도 볼 수 있어요.

서울특별시

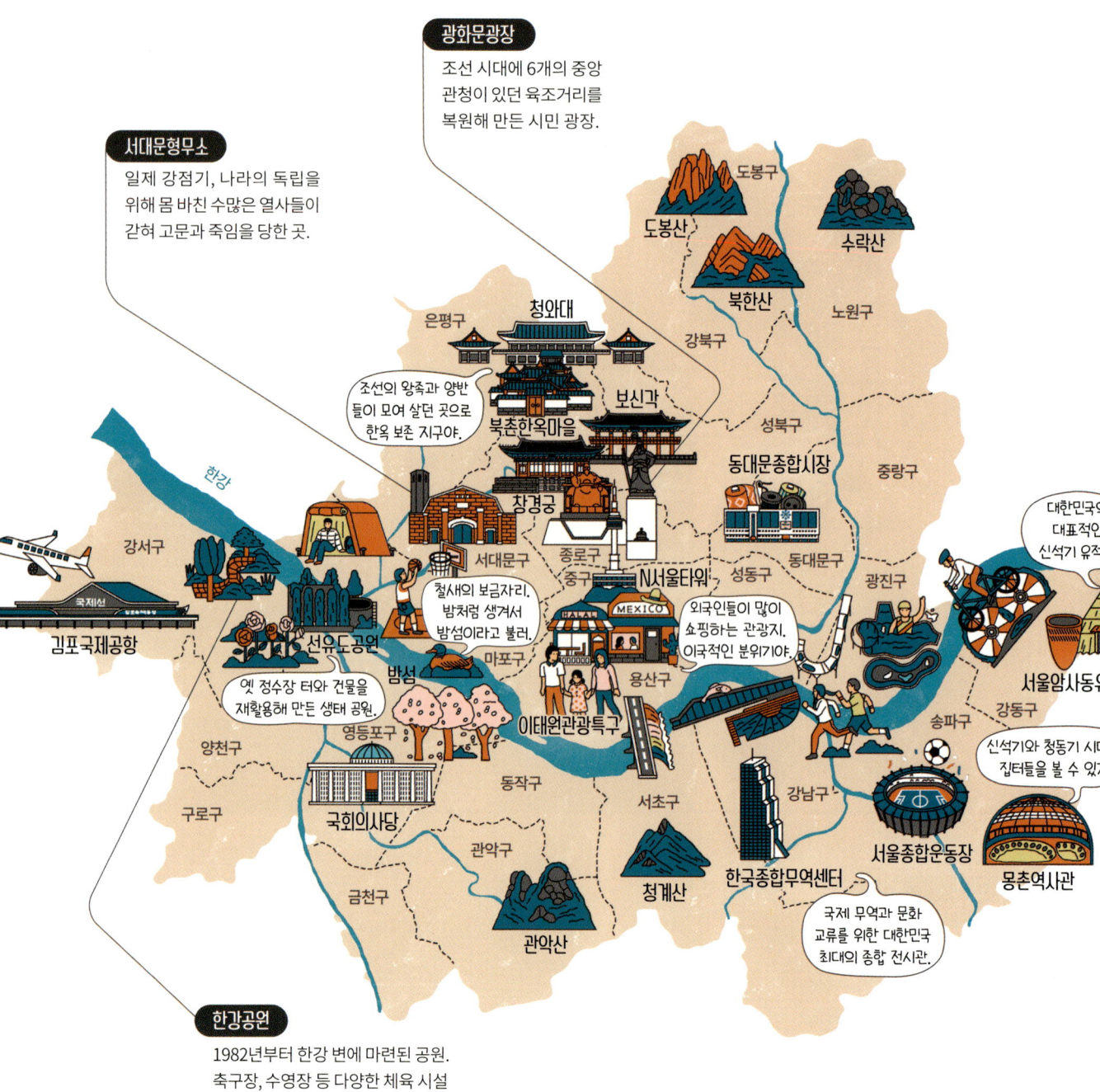

남쪽 한눈에 살펴보는 서울특별시

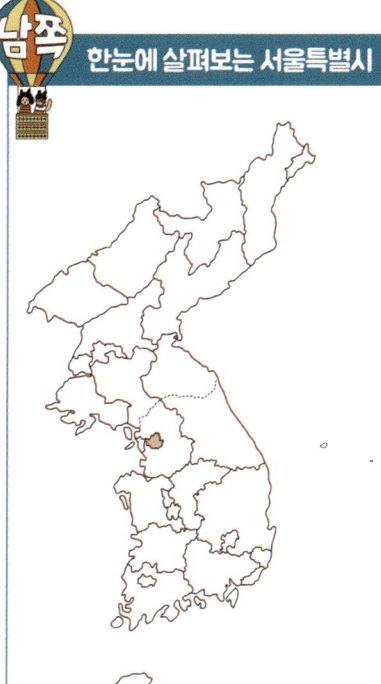

* 면적: 605.2㎢
* 인구: 9,598,484명

서울특별시의 대표 산: 북한산
서울특별시의 꽃: 개나리
서울특별시의 나무: 은행나무
서울특별시의 새: 까치

숭례문

경복궁 근정전

경복궁
조선 시대에 지어진 5개의 궁궐 중 가장 첫 번째로 지어졌다.

환구단

대한민국의 수도, 서울특별시

대한민국 수도예요.

수도란 정치, 경제, 사회, 문화 면에서 한 나라의 중심지를 말해요. 대통령이 일하면서 생활하는 청와대와 각 지역을 대표하는 국회 의원이 모여 회의하는 국회 의사당도 있지요. 그 밖에 주요 공공 기관들이 모여 있어요. 또 헌법을 잘 지키는지를 판가름하는 헌법 재판소와 노동자의 권리와 이익을 지키는 전국민주노동조합총연맹, 한국노동조합총연맹 등 각자의 경제적 사회적 이익을 보호하기 위한 이익 단체들도 서울에 많아요.

첨단 산업 중심으로 발전해요.

첨단 산업은 소프트웨어 개발, 컴퓨터, 영상 음향 및 통신 장비 제조업, 컴퓨터 프로그래밍 등 IT산업과 같은 정보 통신 산업이지요. 첨단 산업 기업들은 서울디지털국가산업단지에 많이 모여 있어요. 예전에는 공업 단지였던 곳이 첨단 산업 단지로 거듭난 거지요. 1999년 약 600개에서 오늘날에는 11,000개가 넘는 기업, 약 15만 명의 사람들이 일하는 곳이 되었어요. 서울디지털국가산업단지의 80퍼센트가 IT기업이랍니다.

서울특별시의 도심은 어디일까요?

모든 도시에는 중심지인 도심이 있어요. 소도시에 가면 시청을 포함해서 기차역이나 시외버스 터미널이 있는 시가지가 보통 도심이지요. 서울특별시는 대도시이기 때문에 여러 개의 중심지가 생겨났어요. 서울특별시의 도심에는 은행, 백화점, 대기업 본사 등이 모여 있어요. 높은 빌딩이 숲을 이루며, 땅값도 무척 비싸지요. 그렇기에 보통 집은 주변부에, 일터는 도심에 많아요. 그래서 낮에 도심은 사람들이 북적거리고 밤이면 인구가 빠져나가 한적하지요.

서울특별시는 어떤 기후가 나타날까요?

서울특별시는 남부 지역보다는 춥고, 북부 지역보다는 따뜻해요. 서울특별시의 1월 평균 기온은 영하 1.9도 정도예요. 같은 서울특별시라도 중심지인 도심은 높은 건물과 많은 자동차로 북적이기 때문에 주변보다 기온이 높아요. 그래서 도심 주변 지역에 눈이 내릴 때 도심에는 비가 내릴 때도 있어요. 서울특별시의 연 강수량은 1,300밀리미터로 대한민국 평균치인 1,200밀리미터보다 많아요.

국보와 보물이 많아요.

서울특별시는 오랫동안 한 나라의 수도였던 만큼 문화재 및 역사 유적들이 많아요. 국보 1호인 숭례문(남대문)을 포함해서 무려 132개의 국보가 서울특별시에 있어요. 보물 1호인 흥인지문(동대문)을 포함해서 무려 380개의 보물도 있고요. 경복궁, 창경궁 등 역사적 가치가 큰 사적도 많아서 많은 관광객들이 모이죠.

분지 도시예요.

분지는 산으로 둘러싸인 곳인데 서울특별시는 북한산, 인왕산, 관악산 등이 둘러싸고 있어요. 서울특별시 복판으로는 한강이 흐르고, 한강을 중심으로 북쪽이 강북, 남쪽이 강남이에요. 한반도의 가운데에 위치해 있고, 농사지을 수 있는 물이 흐르는 서울특별시는 600년 전부터 줄곧 수도였어요. 지금 서울특별시에는 종로구, 강남구 등 25개 구가 있어요.

왜 뚱뚱한 도시일까?

송도센트럴파크

강화산성 남문

강화도 갯벌

옹진군 · 백령도 — 북한과 가장 가까운 섬.

한눈에 살펴보는 인천광역시

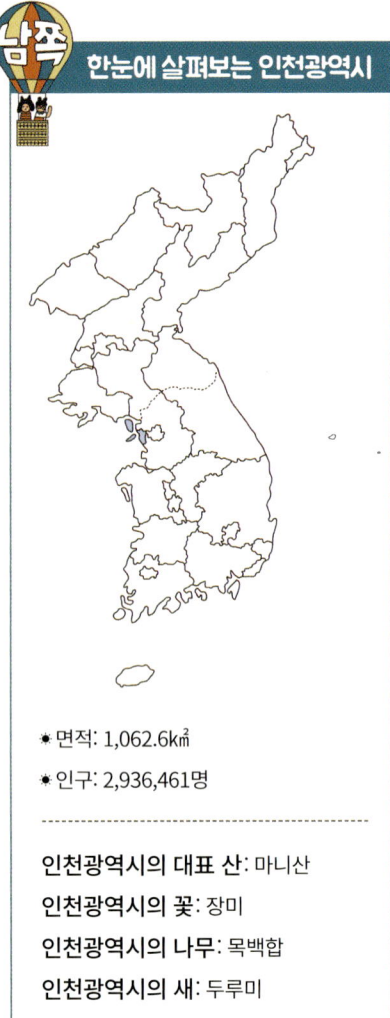

- 면적: 1,062.6㎢
- 인구: 2,936,461명

인천광역시의 대표 산: 마니산
인천광역시의 꽃: 장미
인천광역시의 나무: 목백합
인천광역시의 새: 두루미

인천중국의날문화축제
한국과 중국 수교 10주년을 맞아 2002년부터 열리고 있는 축제다.

중국과 가까운 인천광역시

첫 이름은 '미추홀'이에요.

인천에서 신석기 시대 유물과 고인돌이 나와 선사 시대부터 사람들이 살았음이 알려졌어요. 『삼국사기』에 부여에서 온 비류가 미추홀에 나라를 세웠다고 하는데 '미추홀'이 바로 인천이죠. 미추홀은 땅이 습하고 물이 짠 마을이란 뜻이에요. 비류의 나라는 백제가 되지요. 백제는 인천을 통해서 중국과 교역을 했어요. 조선 시대에는 인주로 불리다가 주(州) 자를 가진 마을을 산(山), 천(川) 두 글자 중 하나로 고치라는 왕명을 받아 인천이 되었죠.

인천은 1981년 인구 100만 명의 직할시로 승격되었고 지금은 광역시로 불리고 있어요. 중국이 빠른 속도로 발전하면서 더욱 중요한 지역이 될 거예요.

정치적으로 매우 중요한 자리에 있어요.

인천광역시는 휴전선을 사이에 두고 북한 땅과 만나는 곳에 위치해 있어요. 게다가 중국과 교류할 수 있는 항구가 있으며 서해안공업지역과도 연결되는 곳이죠. 동쪽으로는 서울과 경기도의 여러 도시와 만나고 있어 바다와 수도를 잇는 관문이기도 해요.

면적이 엄청 넓어졌어요.

20세기 초 인천의 면적은 불과 6.05제곱킬로미터로 인천항과 그 주변이었어요. 하지만 부평이 인천에 포함되면서 1963년에는 25배나 넓어졌고, 김포, 옹진군, 강화도까지 인천에 포함되면서 170배 넓어지고, 서울보다 큰 시가 되었어요.

한편 인천광역시에는 서해 5도를 포함해서 42개의 유인도, 111개의 무인도 등 총 153개의 섬이 있어요.

1960·70년대에 본격적으로 성장했어요.

인천광역시는 서울특별시 옆에 있고, 항구가 있어서 수출이 유리하기 때문에 공장들이 모여 큰 공단이 되었지요. 바닷가에 인천남동공업단지와 부평에 경인공업지대 등이 바로 그곳이에요. 인천광역시에는 설탕을 만드는 제당 공장, 밀가루 만드는 제분 공장, 철을 만드는 제철 공장, 석유를 정제하는 정유 공장, 목재를 다루는 제재 및 가구 공장 등이 들어서 공업이 빠르게 발전했어요. 그리하여 1960년대 말에는 서울, 부산, 대구에 이어 4대 도시로 성장했어요.

인천경제자유구역은 미래의 보물 창고예요.

2003년 지정된 대한민국 최초의 경제자유구역이에요. 인천경제자유구역(IFEZ)은 송도, 청라, 영종 3구역이에요. 이곳에서는 외국인들이 자유롭게 머무를 수 있어요. 정부도 물류, 비즈니스, 관광 산업 등을 지원하고 있어요. 송도국제도시는 송도 앞바다를 매립하여 건설되었어요. 국제 금융과 무역, 지식 기반 산업, 친환경적인 주거 지역으로 2020년 현재 약 17만 명이 살고 있어요. 영종국제도시는 인천국제공항을 끼고 물류, 관광 산업 등을 키울 예정이지요. 청라국제도시는 국제 업무와 레저의 중심지로 초점이 맞추어져 있어요. 국제 금융을 포함해 체육 시설, 원예 단지가 함께 조성될 거예요.

서해 5도는 어디일까요?

서해 5도는 백령도, 대청도, 소청도, 연평도, 우도 5개 섬을 말하죠. 이곳은 대한민국의 서쪽 끝에 있는 섬들이자, 바다 위의 경계선인 북방한계선(NLL)의 기점이 되는 섬들이에요. 우도를 제외하고는 사람들이 살고 있지요. 하지만 우도는 일반인의 출입이 통제되는 군사적 목적의 섬이에요. 1973년 북한이 서해 5개 섬 주변 수역이 북한 것이라고 주장하면서 이 수역을 지나려면 허락을 받으라고 요구하고 있어요. 그 이후 이 지역에서 가끔 싸움이 있었어요.

서해 5도와 NLL

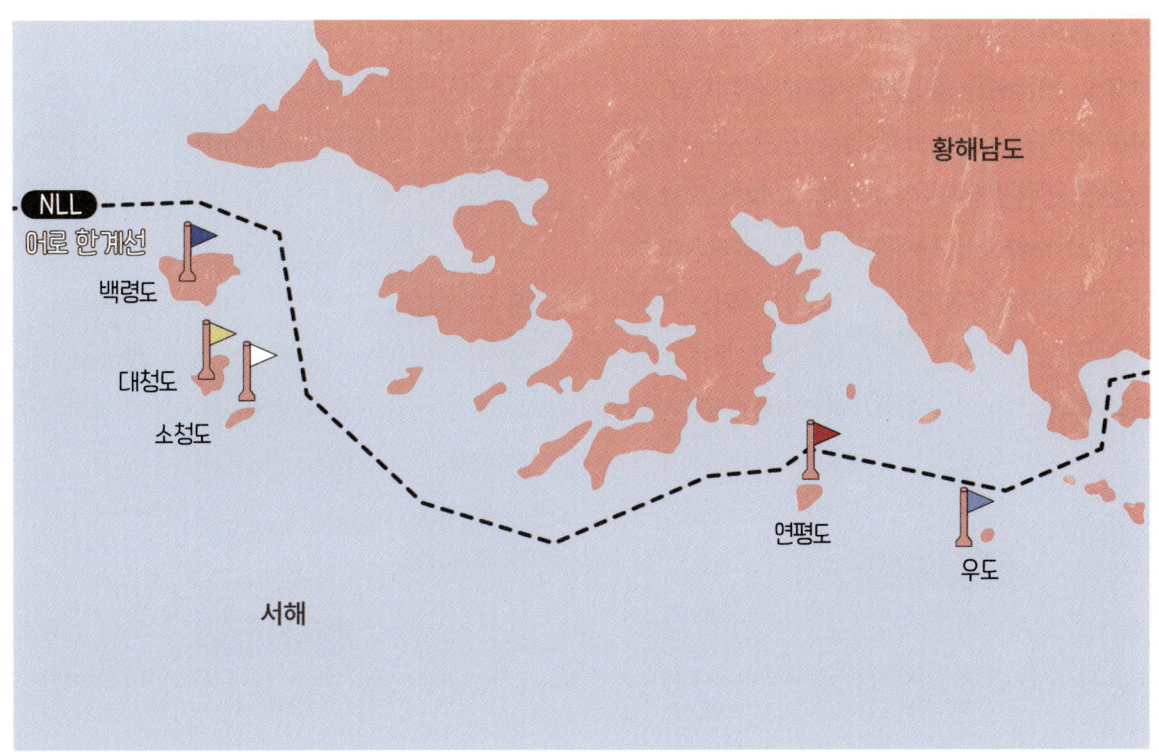

강원도

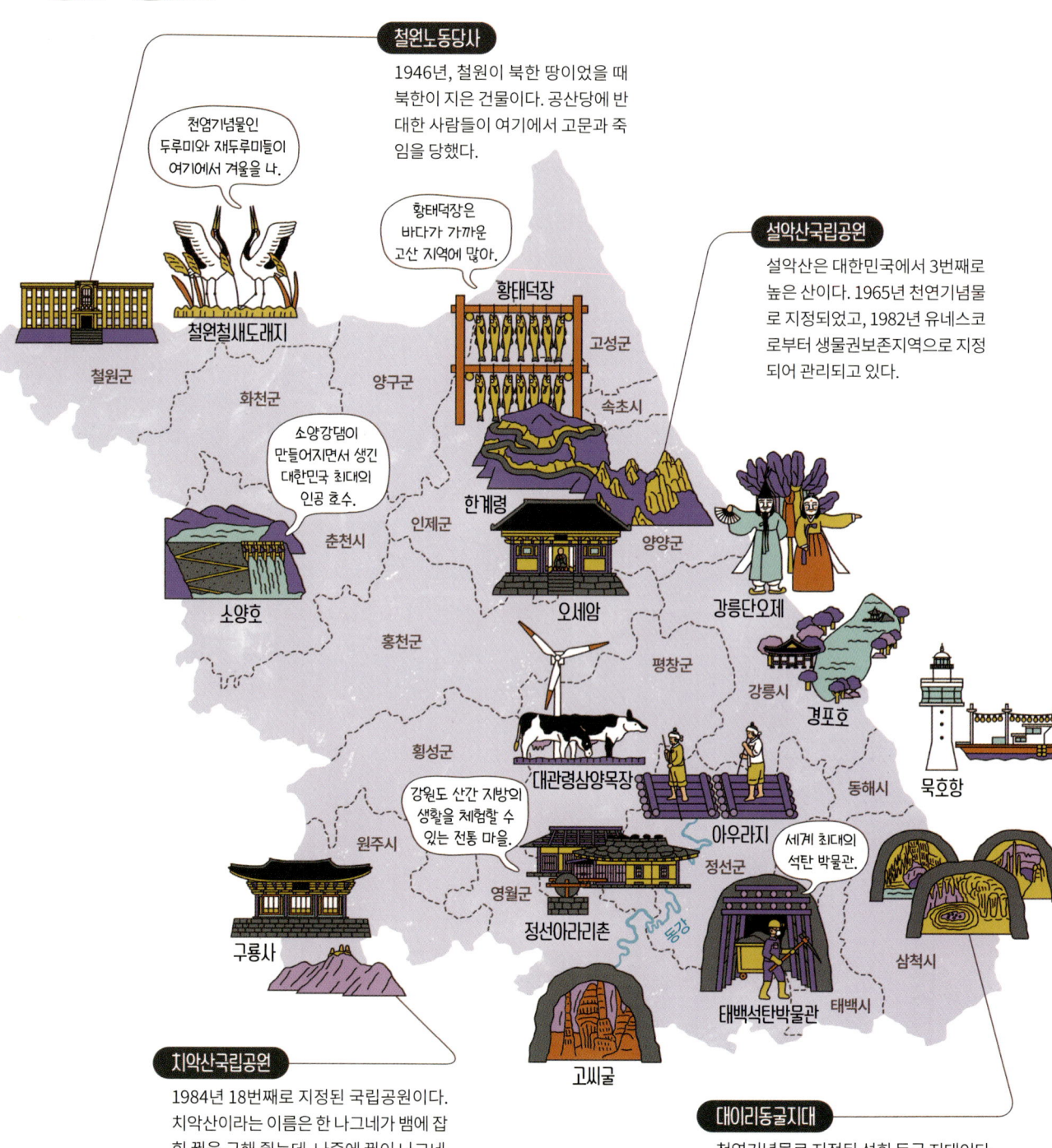

한눈에 살펴보는 강원도

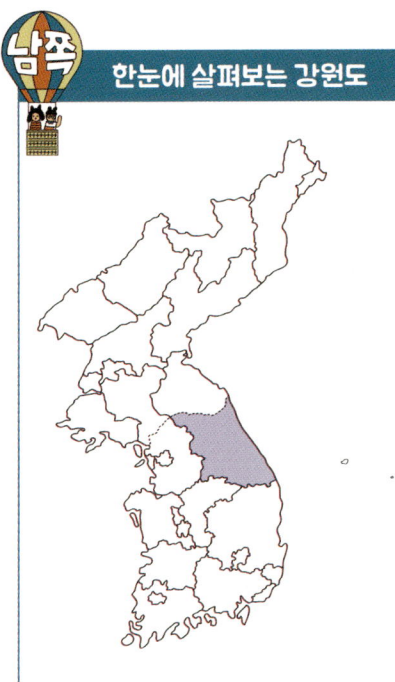

- 면적: 16,873.51㎢
- 인구: 1,536,399명

강원도의 대표 산: 설악산
강원도의 꽃: 철쭉
강원도의 나무: 잣나무
강원도의 새: 두루미

낙산사 홍련암

낙산사 해수관음상

신흥사 통일대불

황지연못
낙동강의 물줄기가 처음 시작되는 곳.

삼화사

한반도 등줄기, 강원도

둘로 나뉘어 있어요.

삼국 시대에는 영서 지방이 백제 땅에 속했고, 영동 지방은 고구려와 신라가 아웅다웅한 지역이었어요. 오늘날에도 강원도는 휴전선을 사이에 두고 남북으로 나뉘어 있는데 82퍼센트가 대한민국에 있지요.

산 너머 산, 물 건너 물이에요.

강원도 땅 중 80퍼센트가 높은 산과 계곡이에요. 강원도는 태백산맥을 중심으로 동쪽의 영동 지역과 서쪽의 영서 지역으로 나뉘지요. 동쪽은 대부분 높은 산이고 아찔한 산비탈이 동해를 향해 내리꽂듯이 달려요. 해안을 따라서는 해안 평야가 나타나고요. 이런 이유로 속초시, 강릉시, 동해시 등 영동의 도시들은 바닷가에 있어요. 태백산맥의 서쪽은 경사가 비교적 완만하며 예부터 쌀로 유명한 철원평야도 있어요. 한편 강원도는 한강과 낙동강의 발원지예요.

영동과 영서 지방의 기후 차이가 커요.

높은 태백산맥 때문에 영서와 영동 지방은 기후가 달라요. 특히, 겨울에는 태백산맥이 북서풍을 막아 주는 영동 지방이 영서 지방보다 따뜻해요. 그래서 영서 지방은 냉대 기후이고, 영동 지방은 온대 기후예요. 또 강원도는 눈이 많이 와서 경사가 완만한 영서 지방에 스키장이 많지요. 대관령은 영동 지방의 관문으로 해발 고도는 832미터이고, 그 길이가 13킬로미터나 돼요. 걸어서 넘으려면 꼬박 반나절이 걸려요. 대관령은 황병산, 발왕산 등 높은 산들로 둘러싸여 있고, 대한민국에서 가장 먼저 서리가 내리는 곳이지요. 99개의 굽이 길로도 유명한데 그 옛날 율곡 이이 선생도 한양을 가기 위해 이 고개를 넘었어요.

고원에는 고랭지 농업과 목축업이 발달했어요.

강원도는 쌀보다는 옥수수, 감자, 채소, 맥주보리 등과 특용 작물인 삼, 약초, 인삼 등을 많이 키워요. 서늘한 고원에서 키우는 고랭지 배추는 맛이 좋고, 다른 배추보다 빨리 나오기 때문에 좋은 가격에 팔려요. 인삼은 철원군, 화천군, 영월군, 춘천시, 원주시 등으로 재배가 확대되고 있어요. 또한 한우, 젖소 등을 키우는 큰 목장이 많답니다.

앞바다는 좋은 어장이에요.

동해는 수심이 깊어요. 그리고 한류와 난류가 만나 다양한 물고기가 잡히지요. 차가운 한류를 좋아하는 명태, 대구, 청어는 주로 10월부터 이듬해 3월 사이에 잡히는데, 최근에는 바닷물이 따뜻해져서 명태가 거의 잡히지 않아요. 따뜻한 난류를 좋아하는 오징어, 꽁치는 주로 7월에서 12월에 잡히는데 해마다 잘 잡히지요. 양양군의 남대천에서는 연어도 잡혀요. 거진, 주문진, 묵호, 삼척 등의 항구에서 어업이 활발해요.

통일전망대에 올라 보세요.

동해 바닷가를 따라 북쪽으로 올라가면 명파리라는 최북단 마을에 통일전망대가 있지요. 통일전망대 언덕을 오르면 철조망 아래로 일반인들은 들어갈 수 없는 군사 지역의 모래사장이 보여요. 전망대에서는 금강산의 아름다운 봉우리들도 볼 수 있답니다.

강원도 축제에 초대합니다!

음력 5월 5일인 단오는 우리나라의 큰 명절이에요. 강릉에서는 8일간의 축제가 펼쳐지지요. 일제 강점기 때나 한국 전쟁 때도 열렸을 정도로 중요한 축제예요. 중요 무형 문화재이자 2005년에는 유네스코가 지정하는 '인류구전 및 무형유산 걸작'으로 인정되어 세계가 보존해야 할 문화유산이 되었어요. 1월이면 태백산에서 눈꽃축제가 열려요. 천 년을 넘게 산 주목과 고사목, 아름다운 설경과 눈꽃이 최고예요.

사람이 몰리기 시작한 강원도의 폐광 지역

한눈에 살펴보는 충청북도

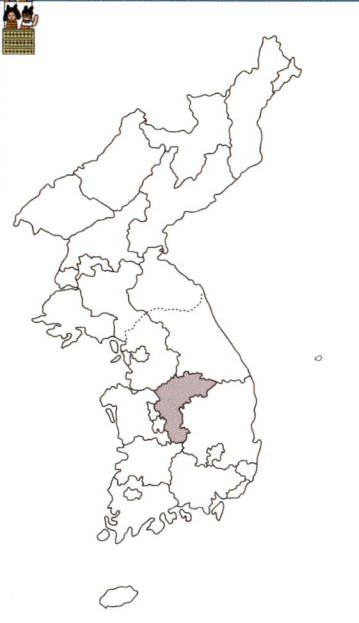

* 면적: 7,407.29㎢
* 인구: 1,595,714명

충청북도의 대표 산: 소백산
충청북도의 꽃: 백목련
충청북도의 나무: 느티나무
충청북도의 새: 까치

고수동굴

법주사 팔상전

법주사 금동불

청주고인쇄박물관
세계 최초의 금속 활자본 『직지심체요절』 이 발견된 곳에 세워진 박물관이다.

정이품송

대한민국의 중앙, 충청북도

백제의 땅이었어요.

삼국 시대에 충청북도는 지역마다 나뉘어 백제(청주, 보은), 신라(영동, 옥천), 고구려(제천, 단양, 충주, 괴산, 진천 등 충청북도의 동부 지역)의 땅이었어요. 그러다가 4세기에 백제가 충청북도를 전부 차지하면서 많은 사람들이 충청북도를 백제 땅으로 기억하게 되었어요.

충청북도는 어떤 농사를 많이 짓나요?

충청북도는 오래전부터 농사를 많이 짓던 땅이에요. 동쪽의 높은 산지와 서쪽의 평야 지대 사이에 위치하고 있는데 논과 밭이 많아요. 쌀과 함께 채소, 과일 등이 많이 나지요. 충청북도는 교통이 유리한 곳에 위치하고 있어서 인구 많은 대도시에 팔 채소, 과일, 고추, 마늘 등의 농사를 많이 지어요. 그중에서도 특히 가격이 비싼 황색종잎담배나 인삼 등은 괴산군이나 충주시를 중심으로 재배하지요. 사과는 충주시와 음성군, 감은 영동군 등지에서 생산되며 매년 생산량이 늘고 있어요. 고기 소비가 늘면서 청원군, 보은군, 영동군, 진천군 등에 소와 돼지를 키우는 목축 단지들이 늘었어요.

어떤 공업이 발달했을까요?

충청북도에서는 철, 석회석, 석탄, 흑연 등이 생산되지만 양이 충분하진 않아요. 공업은 청주시와 충주시를 중심으로 발달했으며, 섬유, 전기, 전자, 피혁 등 경공업이 중심이죠. 특히 옥천군의 견직 공업, 괴산군의 생사 공업이 유명해요.

충청북도의 축제에 초대합니다.

충청북도 단양군에 있는 온달산성에서 신라와 싸우다 죽은 온달장군을 기리기 위해 1996년에 온달문화축제가 시작되었어요. 이 축제는 전쟁에서 이기고 돌아오는 행렬로 시작되어 온달장군추모제, 온달장군과 평강공주 선발대회, 국궁대회 등 행사를 열어요. 그리고 윷놀이대회, 활쏘기대회, 전통 혼례식 등의 행사도 함께 볼 수 있어요. 이외에도 제천의병제가 있지요. 국가가 위기에 처했을 때, 목숨을 바쳐 나라를 구했던 의병의 맥을 이어가기 위한 단결의 축제예요. 햇불을 점화하고 당시의 상황을 재현하는 극이 열린답니다.

충청북도의 중앙탑

충청북도는 어떤 지형일까요?

충청북도는 남북으로 길게 생겼어요. 동쪽으로 소백산맥이 지나고, 북서쪽은 차령산맥이 지나는 분지예요. 평야보다 산이 많지요. 충청북도를 지나는 큰 하천은 금강과 남한강이에요. 금강은 서쪽에서 흐르고, 남한강은 동쪽에서 흐르죠. 또한 충청북도는 대한민국의 가운데에 있어요. 국토의 중심을 상징하는 중앙탑이 충주시 가금면에 있고요. 대한민국에서 유일하게 바다와 만나지 않는 도이지만 국토 중앙에 위치하기 때문에 교통이 편리하죠.

충청남도

한눈에 살펴보는 충청남도

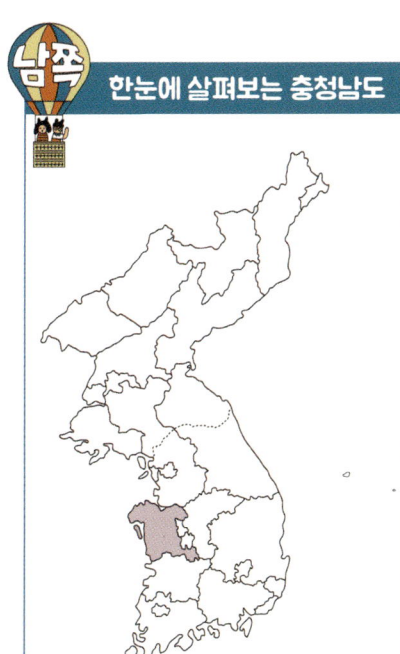

* 면적: 8,226.14㎢
* 인구: 2,115,823명

충청남도의 대표 산: 서대산
충청남도의 꽃: 국화
충청남도의 나무: 소나무
충청남도의 새: 참매

무량사 극락전

정림사지오층석탑

낙화암

백제문화제(대백제전)
백제의 문화를 기리기 위해 백제의 수도였던 공주와 부여에서 9~10월에 개최하는 향토 축제이다.

공산성 금서루

백제 문화권의 중심지, 충청남도

마한과 백제의 땅이었어요.

교과서에 나오는 공주 석장리라는 곳이 바로 충청남도에 있어요. 이곳은 수만 년 전에 살았던 구석기 사람들의 유적이 발견되어 유명해졌지요. 삼한 시대에는 충청남도 대부분이 마한에 해당되었고, 삼국 시대에는 백제의 수도를 한성(서울)에서 웅진(공주)으로 옮긴 후 660년 백제가 멸망할 때까지 185년간 백제 문화의 중심지였어요.

낮고 평탄해요.

충청남도는 대한민국의 중앙 서쪽에 위치하고 있어요. 동쪽이 높고 서쪽은 낮은데, 높다고 해도 해발 고도 1,000미터를 넘는 곳이 없어요. 전국에서 가장 낮고 평탄한 곳이에요. 그래서 금강 유역에 논산평야와 삽교천 주변의 예당평야에서는 벼농사를 많이 짓지요. 충청남도는 서쪽이 바다예요. 이곳은 해안선이 복잡하여 일제 강점기 때도 바다를 메워 육지로 바꾸는 간척 사업을 했어요. 그러다가 1970년대 들어와서는 정부에서 대규모로 간척을 진행했지요. 이 때문에 갯벌이 많이 사라지고 해안선이 옛날보다 단순해졌어요.

교통의 중심지예요.

충청남도는 대한민국의 중심부에 있어요. 경상도와 전라도로 이어지는 주요 국도와 고속 국도, 경부선·호남선 철도, 서해안 고속 국도가 지나지요. 따라서 충청남도에서 서울특별시까지는 1시간 정도, 부산광역시나 목포시까지는 3시간이면 갈 수 있어요.

주로 무엇을 생산할까요?

충청남도는 논과 밭이 전체 약 30퍼센트 그리고 절반이 산이에요. 이곳의 주요 농산물은 쌀이지요. 쌀은 금강 유역의 논산, 당진, 아산 일대의 평야 지역에서 많이 생산돼요. 또 최근에 많이 생산되는 담배는 천안과 공주, 인삼은 금산, 부여, 논산 등에서 많이 생산해요. 또 충청남도의 북쪽 지역은 낮은 구릉지가 많아서 예산이나 아산에는 사과 과수원이 많아요. 한편, 대전광역시나 수도권이 가까운 곳에서는 포도 재배와 돼지, 젖소 등 축산업도 활발하답니다. 충청남도는 해안선이 복잡하고 갯벌이 넓어 양식업도 발달했어요. 조기, 삼치, 갈치 등이 많이 잡히며, 굴, 김, 바지락 등을 양식으로 키우지요. 서산 간월도의 어리굴젓, 보령의 자연산 홍합과 김은 예로부터 유명한 이곳의 토산품이에요.

무슨 산업에 집중할까요?

충청남도는 4대 산업 즉, 자동차 및 자동차 부품 산업, 기계 산업, 철강 산업, 식품 가공 산업을 집중해서 키울 거예요. 자동차 및 자동차 부품 산업은 장항과 석문의 국가산업단지와 서산산업단지에 자동차 조립 업체를 중심으로 입주시키고, 인주산업단지 등에는 수도권에서 이전된 공장을 수용하고 자동차 부품 단지를 만들면서 성장시킬 계획이지요. 기계 산업 역시 장항과 석문 국가산업단지를 중심으로 기업과 대학을 연결한 공동연구센터와 기계부품설계 인력양성센터를 세워 집중적으로 육성할 거예요. 철강 산업은 아산만 지역에 여러 철강 회사를 모아 임해철강단지를 조성 중이에요. 식품 가공 산업은 충남 대부분의 지역에 발달된 축산업과 금산, 부여 지역의 인삼을 기초로 발전시킬 계획이지요.

농업과 어업을 제외한 충청남도의 산물

세종특별자치시

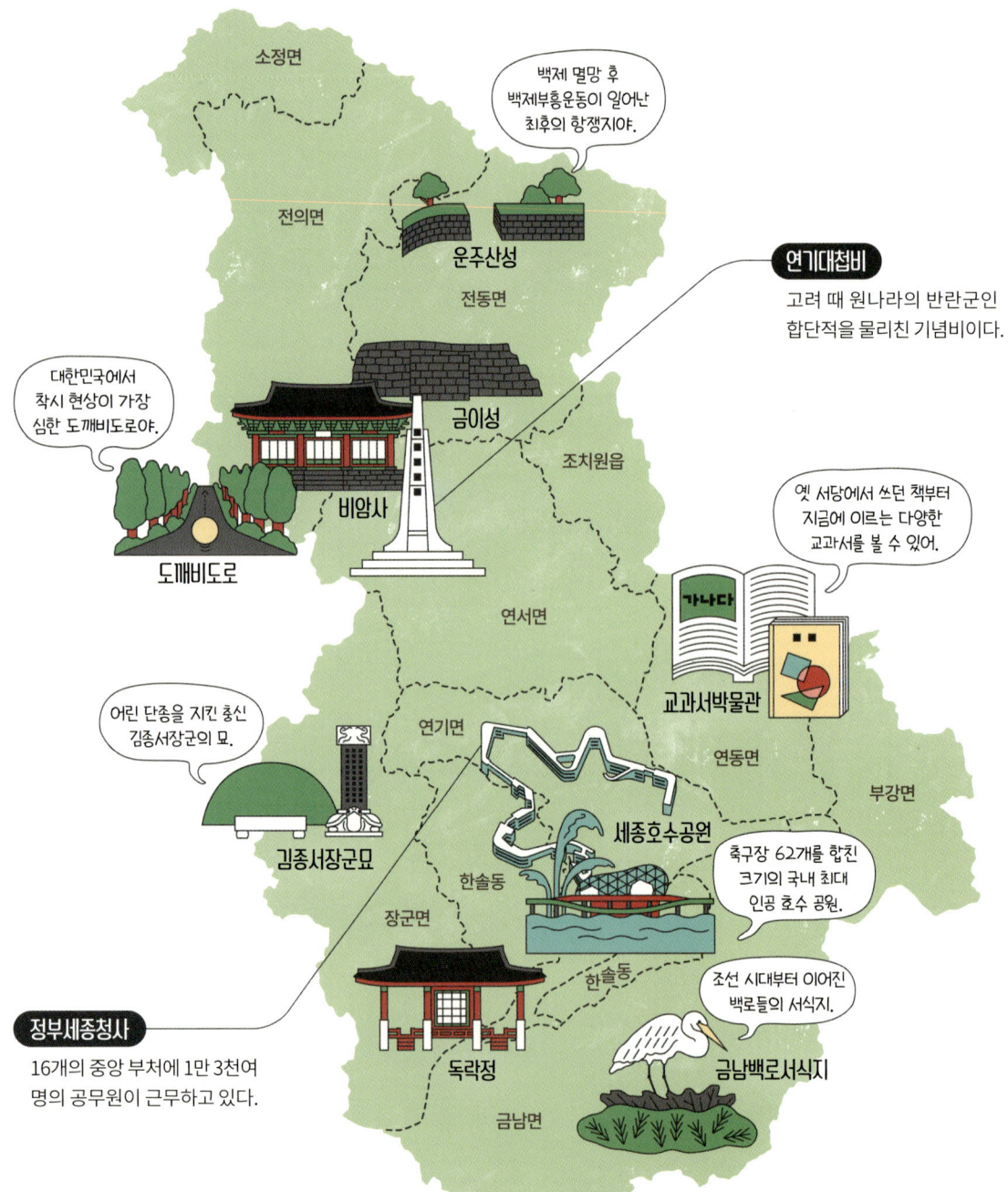

남쪽 한눈에 살펴보는 세종특별자치시

- 면적: 465㎢
- 인구: 360,462명

세종특별자치시의 대표 산: 운주산
세종특별자치시의 꽃: 복숭아꽃
세종특별자치시의 나무: 소나무
세종특별자치시의 새: 파랑새

정부세종청사

한누리대교

밀마루전망대
세종특별자치시의 모습을 한눈에 내려다 볼 수 있는 전망대이다.

국립세종도서관

행정 중심 도시, 세종특별자치시

충청도에 위치해 있어요.

세종특별자치시는 삼국 시대에는 백제의 영토였으며, 통일 신라 시대부터 연기(燕岐)라 불렸어요. 세종특별자치시는 서울특별시 면적의 3/4 정도이며, 17개의 광역 자치 단체 중 가장 늦은 2012년에 생겨났어요. 또 광역 자치 단체 중 시·군·구가 없는 유일한 광역 자치 단체예요.

서울의 짐을 나누기 위해 만들어졌어요.

2002년, 노무현 대통령은 서울에 인구나 정치, 경제 등 기능이 너무 몰려 있어서 불균형이 심하다고 생각했어요. 그래서 새로운 수도를 남한의 복판에 있는 충청도에 만들려고 했죠. 그렇게 되면 서울특별시를 포함한 수도권의 인구와 기능이 분산되어서 대한민국이 보다 균형 있게 발전할 수 있다고 믿었어요. 하지만 그것을 반대하는 사람들이 헌법 재판소에 다시 결정해 달라고 요구했고, 헌법 재판소는 수도를 옮길 수 없다고 판결했어요. 그래서 수도 전체를 옮기지 못하고 일부 행정 기능만 옮겼답니다.

교통의 중심지에 있어요.

세종특별자치시는 대한민국 국토의 중심에 있어요. 그래서 서울특별시, 부산광역시, 광주광역시 등 전국 어디나 자동차를 타고 2시간이면 닿을 수 있지요. 청주국제공항이 24킬로미터 떨어진 인근에 있어서 해외로 나가는 데에도 어려움이 없어요. 한편 세종특별자치시 주변으로는 국토의 동맥과 같은 고속도로가 지나죠. 동쪽으로는 경부고속철도와 경부선 철도, 경부고속도로가 지나가고, 서쪽으로는 호남고속도로와 논산천안고속도로, 당진영덕고속도로 등이 지나고 있어요.

주요 행정 기관이 있어요.

2012년, 국무총리실의 이전을 시작으로 여러 중앙 행정 기관이 정부세종청사로 이주했어요. 주요 행정 기관으로는 나라의 경제와 살림을 경영하는 기획재정부, 국내 경제 단체끼리 공정한 거래가 이루어지도록 감독하는 공정거래위원회, 도로 건설이나 주택 건설 그리고 도시 건설까지 국토 발전을 이끄는 국토해양부, 깨끗한 공기와 물, 아름다운 자연환경을 유지하기 위해 노력하는 환경부, 초등학교부터 대학교까지 국민들의 교육을 돕는 교육부, 의료 보험, 국민연금 등 국민의 보건과 복지 관련 정책을 담당하는 보건복지부, 책, 영화, 음악, 스포츠 등을 발전시키기 위해 노력하는 문화체육관광부, 공정하게 세금을 관리하고 걷는 국세청 등이 이전되었어요.

주변에는 촌락이 함께 있어요.

세종특별자치시 주변에는 아직까지 농사짓는 사람들이 많아요. 도시가 생겨난 지 얼마 안 돼서 그래요. 주로 복숭아나 배, 쌀 등을 많이 재배해요. 그래서 정기적으로 열리는 시장이 많은데 끝자리가 4와 9로 끝나는 날 여는 조치원시장, 2와 7로 끝나는 날 여는 대평시장과 전의시장 등이 있어요.

세종특별자치시에서 축제를 즐겨요.

과거 백제의 땅이었던 세종특별자치시에서는 4월 15일에 백제의 왕과 대신, 호국 영령을 기리는 백제대제가 열려요. 그리고 음력 1월 16일에 대보름 민속놀이 행사로 용암강다리 축제가 열리고, 4월 중순에는 복사꽃아가씨선발대회와 백일장 등을 하는 도원문화제가 열려요.

세종특별자치시는 스스로 다스리는 시

대전광역시

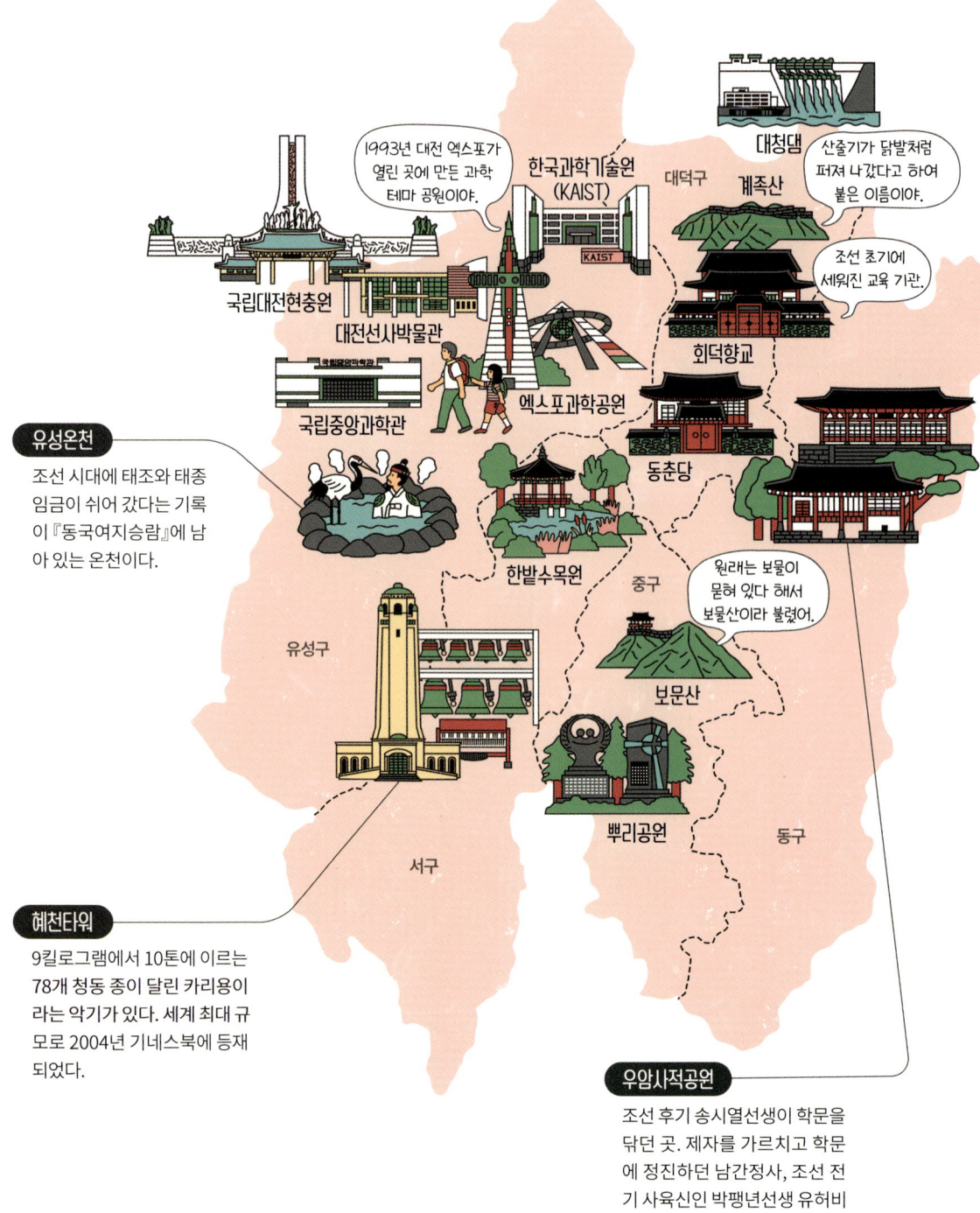

한눈에 살펴보는 대전광역시

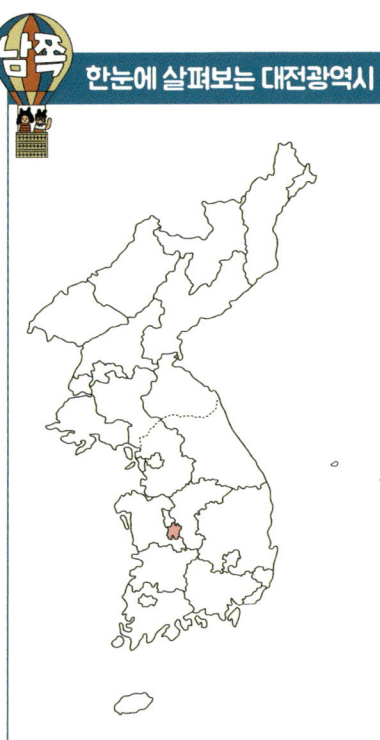

* 면적: 539.35㎢
* 인구: 1,458,463명

대전광역시의 대표 산: 식장산
대전광역시의 꽃: 백목련
대전광역시의 나무: 소나무
대전광역시의 새: 까치

한밭수목원

국립대전현충원

대덕사이언스길
대덕 연구 단지를 중심으로 조성된 산책로이다.

엑스포다리의 무지개분수와 불꽃축제

과학 연구 도시, 대전광역시

〉 대전광역시는 어떤 지형일까? 〈

대전(大田)은 '한밭'이란 우리말의 한자어예요. 조선 초부터 대전이라 불렸는데

한밭의 '한'은 크다, 넓다는 뜻으로 대(大) 자를 쓰고,

밭은 밭 전(田) 자를 써서 대전 즉, 큰 밭, 넓은 들이란 뜻이죠.

북쪽은 차령산맥

대전은 넓은 들판이지만 그 주변을 산지가 감싸고 있어요.

동쪽과 남쪽에는 소백산맥

또한 계룡산, 계족산 등 대부분 고도 1,000미터 미만의 낮은 산으로 둘러싸여 있어요.

대전은 대전천, 유등천, 갑천을 따라 도시가 나뉘어요. 이 3개의 하천들은 금강과 만나지요.

대덕구 / 갑천 / 유성구 / 유등천 / 서구 / 대전천 / 중구 / 동구

그리고 동쪽으로 충청북도와 만나는 곳에 대청호가 있어요.

청동기 문화의 중심지였어요.

대전광역시 둔산동 일대의 유적을 살펴보면 이미 신석기 때부터 사람들이 농사를 짓고, 고기를 잡으며 살았던 것을 알 수 있어요. 특히 괴정동(현재의 내동)에서 발견된 청동기 유적은 한국식 청동 단검 문화를 대표하는 것으로 한반도에서 가장 오래되고 높은 수준을 자랑해요.

대전광역시는 어떤 기후가 나타날까요?

대전광역시에서 기상 관측이 시작된 것은 1969년부터래요. 보통 대전광역시의 가장 추운 달인 1월 평균 기온은 영하 1.9도 정도로 별로 안 추워요. 하지만 기록으로는 최저 기온이 영하 19도(1969년)를 나타낸 적도 있어요. 한편 대전광역시의 연 강수량은 1,350밀리미터로 한반도 평균치보다 많은 편이에요.

깨끗한 도시예요.

도시 전체 면적의 59퍼센트가 개발 제한 구역으로 되어 있어요. 여러분도 대전광역시를 방문해 보면 아마 살고 싶다는 생각이 들 거예요. 대전광역시는 전국에서 최초로 자연환경 보존 조례를 제정하고 대기, 수질, 소음 등에 대한 환경 기준을 설정하는 등 친환경 도시로 거듭나고 있어요.

대한민국 최대의 과학연구단지가 있어요.

대전광역시의 대덕연구단지는 첨단 과학 기술을 통해 국가를 발전시키기 위해 만들었어요. 이곳에서는 연구 기관, 기업, 대학 등이 모여 서로 교류하며 함께 연구할 수 있지요. 현재 대덕연구단지에는 생명 과학, 정보 산업, 신소재, 화학, 에너지, 항공 우주 등의 분야에서 약 100여 개 연구 기관이 한국의 미래를 위해 노력하고 있어요.

국내 최고의 과학도를 키우는 한국과학기술원 (카이스트, KAIST)이 있어요.

국가에 필요한 수준 높은 과학 기술 인력을 키우기 위해 1971년에 한국과학기술원이 세워졌어요. 현재 카이스트는 대한민국에서 과학 공부 좀 하는 학생이라면 매우 가고 싶어 하는 곳이에요. 카이스트에서는 이론과 실험 능력을 갖춘 고급 과학 기술 인재를 키우는 동시에 기업이나 다른 연구 기관에 연구 지원도 하고 있어요. 현재 카이스트는 자연과학대학, 생명과학기술대학, 공과대학 등 6개 단과대학과 나노과학기술대학원, 의과학대학원 등 전문 대학원이 개설되어 있어요. 또 세계적인 대학교와 서로 학위를 인정하는 제도를 가지고 있는데 카네기멜론대학교, 조지아텍대학교 등이 바로 그런 대학교예요.

경상북도

한눈에 살펴보는 경상북도

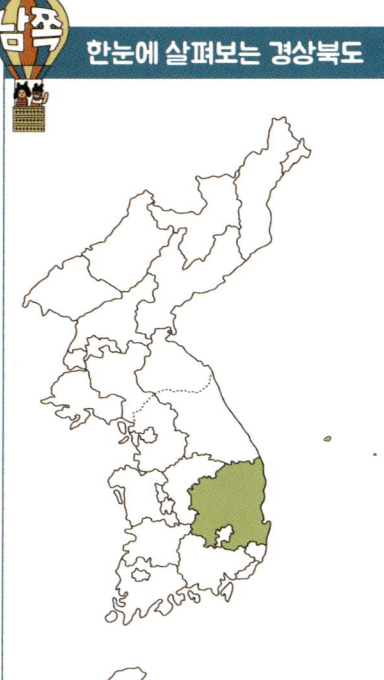

- 면적: 19,031.42㎢
- 인구: 2,635,563명

경상북도의 대표 산: 팔공산
경상북도의 꽃: 백일홍
경상북도의 나무: 느티나무
경상북도의 새: 왜가리

부석사 무량수전

다보탑

안동법흥사지칠층전탑

하회별신굿탈놀이
하회리에 전승되어 오는 민속 탈춤으로 조선 시대 양반들을 풍자한다.

도산서원

전통 문화의 중심지, 경상북도

우리 전통 문화의 중심지예요.

경상북도는 삼한 시대 진한의 땅이었다가 삼국을 통일한 신라의 땅이 되었어요. 신라의 수도 경주도 경상북도에 있어요. 경상북도는 신라의 불교문화와 조선의 유교 문화를 잘 간직한 전통의 고장이에요. 따라서 경상북도 도민들은 역사적으로 신라 화랑정신과 조선 선비정신을 잇는다는 자긍심이 크지요. 고려 때 처음 경상도라 불렸고, 1896년에 경상북도라 불리게 되었어요. 도청은 안동시와 예천군의 경계에 있어요.

경상북도는 어떤 지형일까요?

경상북도는 대구광역시를 둘러싸고 있으며, 소백산맥의 조'령' 이'남'에 위치하여 영남 지방이라 부르죠. 북쪽과 서쪽으로 높은 소백산맥이, 동쪽으로 태백산맥이 지나고 남쪽에는 운문산, 비슬산 등이 솟아 있어서 큰 밥그릇 모양을 하고 있어요.
이렇게 산으로 둘러싸여 있어서 예부터 교통이 불편했지요. 그래서 다른 지역 문화가 들어오는 데 시간이 오래 걸렸고, 지금도 전통적인 유교 문화가 가장 잘 남아 있는 곳이에요.

암각화의 보물 창고로 불리지요.

우리나라에 있는 고대 암각화 16곳 중 13곳이 경상북도에 있어요. 고령 양전리, 포항 칠포리, 영주 가흥동, 안동 수곡면, 경주 석장동 등이지요. 암각화에는 당시 사슴, 멧돼지, 호랑이 등과 사람들의 생활 모습이 바위에 새겨져 있어요. 암각화 외에도 칠곡, 안동, 청송, 의성, 포항, 상주 등에서 구석기 유적이, 김천, 청도의 강 주변이나 경주, 울진의 바닷가에서 신석기 사람들의 집터와 돌 도구들이 발견되었지요.

경상북도는 어떤 기후일까요?

경상북도는 밥그릇처럼 생긴 분지라 찬 공기로 채워지는 겨울과 더운 공기로 채워지는 여름의 기온 차가 커요. 하지만 경상북도에서도 동쪽 바닷가는 깊은 동해의 영향으로 겨울이 되어도 내륙보다 따뜻하지요. 경상북도는 비가 적게 오기로 유명해요. 연 강수량이 900~1,000밀리미터 정도로 대한민국의 다른 지역에 비해 적어요. 그래서 사과 같은 과일 농사가 잘되지요. 한편, 경상북도 울릉도는 바다로 둘러싸여 있어서 비교적 여름이 시원하고 겨울이 온난한 편이에요. 원래 바다는 육지

보다 서서히 가열되고 서서히 냉각되니까요.

풍기인삼, 최고예요.

경상북도 영주시 풍기읍에서는 10월에 인삼 축제를 열어요. 세계적인 명성에 걸맞게 '지구촌의 건강을 책임지는 만고의 영약 풍기인삼'이라는 슬로건을 내걸고 그 효능을 자랑하지요. 축제가 열리는 동안 인삼 콘테스트, 인삼 씨앗 뿌리기, 인삼 퀴즈 대회 그리고 인삼 캐기 체험도 할 수 있어요.

영남내륙공업지역이 있어요.

영남내륙공업지역은 경상북도 구미와 김천 그리고 대구광역시가 중심인 오래된 공업 지역이에요. 특히 구미는 LCD와 휴대 전화 등 전자·정보 기기 등을 생산하는 경상북도의 대표 공업 도시예요. 구미는 경부선 철도와 경부고속도로가 지나는 곳에 있어 교통이 편리해요. 또 바다와 멀리 떨어져 있어서 전자 제품의 염분 피해를 줄일 수 있기도 하지요.

안동국제탈춤페스티벌에서 신명 나는 춤 한판?

한눈에 살펴보는 경상남도

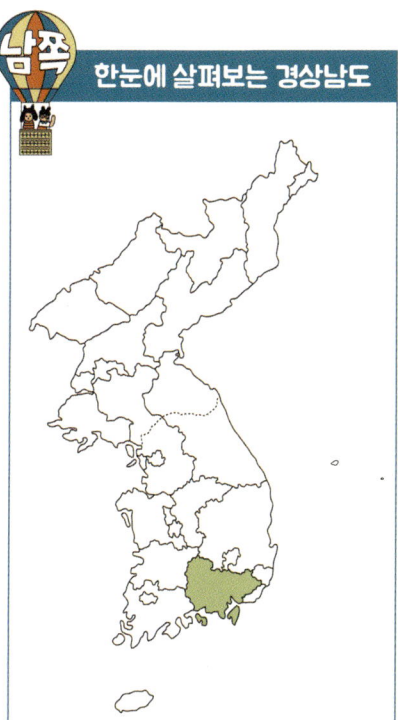

- 면적: 10,539.56㎢
- 인구: 3,330,463명

경상남도의 대표 산: 지리산
경상남도의 꽃: 장미
경상남도의 나무: 느티나무
경상남도의 새: 백로

해인사

다랭이마을

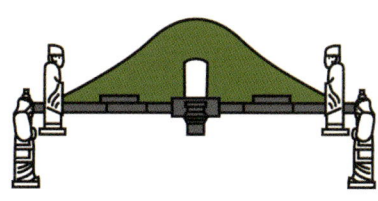

수로왕릉
금관가야의 시조인 수로왕의 무덤이다.

팔만대장경

동해와 남해로 둘러싸인 경상남도

고대 가야 문화의 중심지였어요.

경상남도 땅에서는 오래전부터 사람들이 철로 된 농기구를 쓰며 고대 가야 문화를 꽃피웠어요. 처음에는 경상좌도, 경상우도로 불리다가 1896년에 남과 북으로 나뉘면서 경상남도가 되었어요. 경상도의 '경상'은 경주와 상주의 앞 글자를 따서 만들었어요. 처음 경상남도는 지금보다 더 넓었지만 1963년에는 부산광역시가, 1997년에는 울산광역시가 빠져나갔어요.

경상남도는 어떤 지형일까?

경상남도는 동서 양쪽의 산맥이 세로로 지나고 그 사이 중앙에는 평야와 낮은 구릉지들이 펼쳐져 있어요. 그리고 대한민국에서 가장 긴 낙동강이 북에서 남으로 흘러 남해로 가지요. 낙동강은 김해에 삼각주를 만들었고 그 덕에 주민들은 경지를 얻었어요. 경상남도는 동해와 남해로 둘러싸여 있어요. 해안선의 길이가 무려 1,335킬로미터나 되지요. 또 경상남도 바다에는 큰 자랑거리가 있어요. 그건 바로 우리나라에서 두 번째로 큰 거제도를 포함해서 해마다 많은 관광객이 모이는 남해도, 한산도 등 무려 400여 개의 섬이지요.

봄에는 진해군항제에서 벚꽃을 즐겨요.

1952년 진해에서는 이순신장군의 동상을 세우고 추모제를 지냈는데 그것이 발전해 군항제가 되었어요. 특히 4월엔 진해 지역이 벚꽃으로 뒤덮여 장관을 이루기 때문에 전국에서 많은 사람들이 모이죠. 군항제 때는 이순신장군의 추모제, 살풀이춤, 국악 공연, 무술 대회, 문화 유적 발굴 사진전, 벚꽃 사진 촬영 대회, 벚꽃 어린이 선발전, 해병대 의장대 시범 등이 펼쳐져요.

대한민국 최대의 중화학 공업 지역이에요.

경상남도의 바닷가에 있는 도시들은 울산광역시를 포함해 남동연안공업지역으로 불리는 곳이에요. 이곳은 수도권공업지역에 이어 우리나라 제2의 공업 지대이죠. 하지만 기계, 자동차, 조선, 석유 화학 등 중화학 제품을 생산 수출하는 공장이 많아서 우리나라 제1의 중화학 공업 지역으로 불려요. 이곳은 철광석, 석유, 석탄 등 필요한 자원을 수입하기 좋고, 만들어진 제품을 해외에 수출하기에도 유리해서 1970년대 중반부터 중화학 공업이 크게 발달했고 오늘날까지도 이어지고 있지요.

우리나라 최대의 철새 도래지, 경상남도

바닷가에 금강산이 있어요.

거제도 남동쪽에는 갈곶(乫串)이라는 튀어나온 바닷가가 있어요. 갈곶 끝에서 떨어져 나간 큰 바위섬들이 바다의 금강산 '해금강'이에요. 이곳은 한려해상국립공원에 포함되고, 가까운 거리에 이순신장군의 해전으로 유명한 옥포만과 한산도가 있어 더 유명하지요.

경상남도 전통 공업은 무엇일까요?

진주의 목공예, 통영의 나전 칠기, 밀양의 도자기, 의령·진주의 한지 공업이 유명해요.

남강유등축제에서 등을 띄워요.

진주를 흐르는 남강에 예쁜 등을 띄우는 유등놀이는 임진왜란 당시 3,800여 명의 군사로 2만 명의 일본군을 무찌른 진주대첩에서 유래했어요. 바람에 하늘로 띄우는 풍등 그리고 횃불과 함께 남강에 띄우는 불등으로 남강을 건너려는 일본군에게 겁을 주었거든요. 진주성 내 상황을 알리거나 병사들이 가족에게 안부를 전하기도 했고요. 남강유등축제는 임진왜란 당시 나라를 위해 목숨을 바친 7만 명 군인의 넋을 기리는 행사예요.

어업이 발달했어요.

경상남도에는 고기잡이와 김, 굴, 미역 등을 키우는 양식업이 발달했어요. 통영, 삼천포, 장승포 같은 어항을 중심으로 멸치, 고등어, 갈치, 쥐치 등 따뜻한 바다에 사는 난류성 어류가 잘 잡히지요. 특히 멸치는 어민의 큰 수입원이에요.

남쪽 한눈에 살펴보는 대구광역시

- 면적: 883.54㎢
- 인구: 2,408,875명

대구광역시의 대표 산: 팔공산
대구광역시의 꽃: 목련
대구광역시의 나무: 전나무
대구광역시의 새: 독수리

앞산공원에서 내려다본 대구광역시 전경

이월드의 83타워

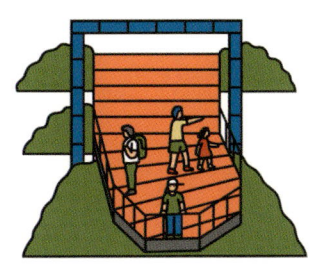

앞산공원
대구광역시에서 가장 큰 자연공원으로 전망대에 오르면 대구광역시가 한눈에 보인다.

두류공원

대표적인 분지 도시
대구광역시

옛 이름은 달구벌이에요.

아주 오래전, 대구광역시는 다벌, 달벌, 달불성, 달구화 등의 이름을 거쳐 달구벌이라 불렸어요. 달구벌에서 '달구'는 넓은 곳, '벌'은 평야, 마을을 뜻하지요. '대구'라는 이름을 갖게 된 것은 통일 신라 무렵부터였어요. 통일 신라의 경덕왕이 벼슬이나 도시 이름을 중국처럼 주로 두 글자의 한자로 고쳤거든요. 그때부터 대구라고 불리기 시작했답니다.

한반도에서 가장 더운 도시예요.

대구광역시는 여름에 가장 더운 도시예요. 어떤 해는 합천, 또 어떤 해는 밀양이 더 더울 때가 있지만 기후는 30년 통계를 기준으로 보기 때문에 평균적으로 가장 더운 도시는 대구광역시예요. 대구광역시는 남부 지방에 위치하면서 높은 산으로 둘러싸여 있어서 여름이면 더운 열기로 가득 차죠. 여름에 자주 38도까지 올라요. 예부터 대구광역시가 사과로 유명한 이유가 바로 뜨겁고 비가 적기 때문이에요. 하지만 지금은 대도시가 되고, 기온이 더 뜨거워지면서 사과 농사를 짓는 곳이 거의 없어요.

경상북도 지역의 중심 도시예요.

대구는 경제 발전과 인구 증가로 1981년부터 대구직할시로 승격하면서 대도시가 되었죠. 이때 주변의 성서읍, 칠곡읍 등과 합쳐져 면적도 넓어졌지요. 그리고 1995년 대구광역시로 이름을 바꾸면서 7개 구 1개 군이 있는 도시가 되었어요. 오늘날 대구광역시는 경상북도 지역의 중심지로 여러 관공서와 기업의 지역 본부가 있지요.

산으로 둘러싸여 있어요.

대구광역시는 경상북도 남쪽 중앙에 있어요. 대구광역시를 대표하는 팔공산(1,192미터)은 북동쪽에 있으며, 20킬로미터 이상 펼쳐진 큰 산이에요. 또 남쪽에는 비슬산과 대덕산이 있어 온통 산으로 둘러싸여 있어요.

달구벌 축제에서 가장행렬에 참가해 보세요.

대구는 직할시 승격을 축하하기 위해 1982년부터 달구벌 축제를 열었어요. 축제의 절정은 수만 명의 시민이 참여하는 가장행렬이랍니다.

3대 시장, 대구광역시

대한민국이 자랑하는 섬유 공업 도시예요.

1960년대 대구광역시는 특히 옷이나 옷감과 관련된 섬유 공업을 대표하는 도시였어요. 하지만 1980년대 이후 동남아시아와 중국같이 임금이 싼 나라에서 섬유 공업이 발달하면서 어려워졌어요. 그래서 2000년대 들어 패션 도시로 유명한 밀라노에서 이름을 딴 밀라노 프로젝트를 추진했어요. 이제 대구광역시는 세계적인 섬유 및 패션 도시 그리고 첨단 벤처 산업 도시로 다시 태어나고 있어요. 여전히 대구광역시는 수출로 버는 돈 중 23퍼센트가 섬유 공업이에요(2019년 기준).

울산광역시

울산미포국가산업단지
1962년부터 정유 공장을 시작으로 석유 화학 계열의 공장, 비료 공장, 세계적 규모의 조선소, 자동차 공장 등이 들어섰다.

학성공원
1913년 울산 출신 관료인 김홍조가 7,000평의 땅을 사들여 울산에 기증하면서 조성된 시민 공원이다.

높이 1,000미터가 넘는 7개의 산이야. 알프스처럼 아름다워서 붙은 이름이지.

중생대에 살던 초식 공룡의 발자국이 200여 개나 발견되었어.

영남알프스

천전리공룡발자국화석

조선 시대에 말을 기르던 곳. 목장 둘레에 쌓은 담장이 성과 비슷해.

석남사

처용문화제

남목마성

태화강
울산광역시 시가지 한가운데를 지나는 길이 약 46.02킬로미터의 강이다. 강 주변에 십리대숲이 있는데 길이가 10리(약 4킬로미터)에 달한다고 해서 생긴 이름이다. 옛날에는 오염이 심했는데 지금은 1급수에서만 산다는 연어, 은어가 서식할 정도로 깨끗하다.

대왕암공원
일출을 볼 수 있는 곳으로 유명하다. 기암절벽과 돌섬으로 이루어져 있어 전국에서 많은 관광객들이 찾아온다.

대대리고분
3~7세기 삼한 시대의 진한에 속한 우시산국의 정치 세력가의 무덤으로 추정된다. 다양한 토기와 철제 무기류 등이 출토되었다.

한눈에 살펴보는 울산광역시

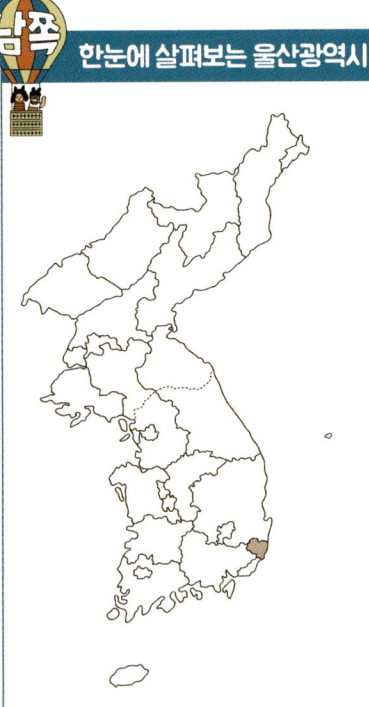

- 면적: 1,060.79㎢
- 인구: 1,129,254명

울산광역시의 대표 산: 가지산
울산광역시의 꽃: 장미
울산광역시의 나무: 대나무
울산광역시의 새: 백로

간절곶

울산대교

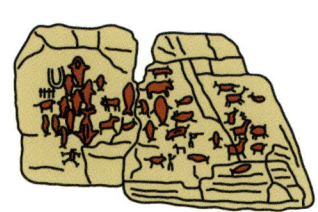

울산반구대암각화
태화강 상류의 반구대에 새겨진 그림으로 국보로 지정되었다. 신석기부터 청동기 시대까지 오랫동안 사냥과 고기잡이의 풍요를 빌던 장소로 추정된다.

간월재 억새 군락지

처용의 설화가 살아 있는
울산광역시

진한의 땅이었어요.

울산은 진한의 굴아화촌으로 불렸어요. 굴아화촌은 태화강이 태극 모양으로 흘러서 붙은 이름이죠. '굴아'는 예전에 강이 휘어 있다는 뜻으로 썼다고 추정되거든요. 울산은 신라 때부터 중요한 도시였으며 조선 시대에 이르러서 울산이라 불렸어요. 그 이후 인구가 계속 늘어나자 1997년에 대한민국에서 가장 늦게 광역시로 승격되어 울산광역시가 되었어요.

산지와 바다로 둘러싸여 있어요.

울산광역시는 동쪽은 바다, 나머지는 태백산맥으로 둘러싸여 있어요. 가지산, 천황산, 재약산 등 1,000미터를 넘는 산이 많죠. 이런 이유로 예부터 울산광역시 사람들은 산이 가로막은 청도, 밀양보다는 경주, 부산과 교류가 더 잦았어요. 울산광역시를 대표하는 태화강은 울산광역시를 동서로 가로지르며 동해로 흘러들지요. 한편 울산만은 해안선 길이가 42킬로미터나 되며, 수심은 5미터 내외로 깊죠. 밀물과 썰물의 차가 거의 없고, 주위가 방파제처럼 생겨서 항구가 들어서기 좋아요.

영남에 알프스가 있어요.

울산광역시와 그 주변 밀양, 청도의 7개의 산이 마치 유럽의 알프스 같아서 붙은 이름이 영남 알프스예요. 가지산, 운문산, 천황산(재약산), 신불산, 영축산, 고헌산, 간월산이 바로 주인공이지요. 영남알프스의 가장 큰 자랑은 신불산, 간월산, 고헌산 등에 걸쳐 있는 넓은 억새밭이에요.

대기업의 중화학 공업 공장들이 많아요.

지금은 울산항, 온산항, 방어진항 등에 있는 많은 공장에서 자동차, 배 등 여러 중화학 제품을 만들고 있어요. 하지만 과거 울산에는 식료품 공장들이 몇 개 있을 뿐이었죠. 그러다 1962년에 울산이 '울산공업센터'로 지정되면서 정유 공장, 비료 공장, 자동차 공장, 조선 공장 등 대기업의 공장들이 들어섰어요. 울산광역시는 지금도 공업으로 인한 소득이 많고, 공업 인구의 비중이 크지요. 특히 현대자동차 울산 공장과 SK에너지 정유소는 단일 규모로는 세계적이에요.

처용문화제가 있어요.

1967년 시작된 울산공업축제가 1991년부터 처용문화제로 바뀌었어요. 울산의 대표적인 시민 축제인 처용문화제는 10월에 열리며, 처용의 전설을 주제로 여는 축제이지요. 축제 때는 거리 행진, 처용가면페스티벌, 처용무 등을 볼 수 있어요. 특히 처용무는 대한민국 중요 무형 문화재이기도 하지요.

처용이 누구일까요?

부산광역시

금정산
산꼭대기 우물에 금빛 물고기가 오색구름을 타고 내려와 놀았다고 하여 금정산(金井山)이라는 이름이 붙었다.

국제시장
70년이 넘은 오래된 시장이다. 처음에는 사람이 많아 도떼기시장이라고 불리다가 1950년 미군 부대에서 나오는 물건을 팔기 시작하면서 국제시장이라는 이름이 붙었다. 지금은 부산을 대표하는 유명 관광지이다.

청동기 시대의 조개무지인데 지금은 개발로 인해 사라졌어.

철새 도래지에 세워진 조각공원. 세계적인 작가들의 다양한 조각들이 있어.

울창한 숲과 암석들이 멋진 풍경을 이루지.

해양 문화 도시를 홍보하기 위한 축제로 매년 8월마다 열려.

가덕도
부산광역시에 있는 여러 개의 섬 중 가장 큰 섬이다. 큰 배가 드나드는 부산신항이 있다. 거제시와 연결되어 있는 거가대교는 총 길이가 8.2킬로미터인데, 이 가운데 3.7킬로미터가 해저 터널이다.

해운대해수욕장
통일 신라 학자 최치원이 경치에 탄복해 자신의 '자'인 '해운'을 암벽에 새기면서 붙은 이름. 지금은 수백만 명이 찾는 해수욕장이다.

한눈에 살펴보는 부산광역시

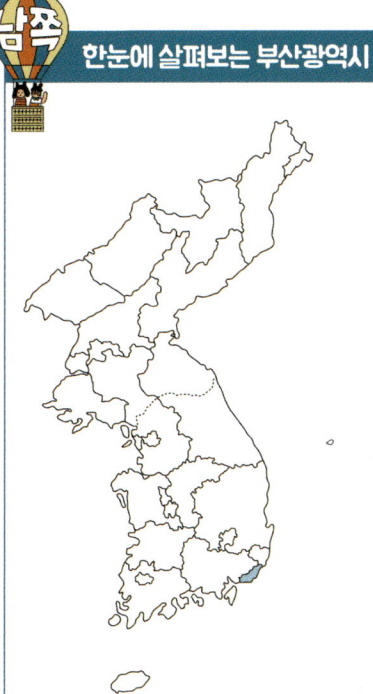

- 면적: 769.89㎢
- 인구: 3,372,399명

부산광역시의 대표 산: 금정산
부산광역시의 꽃: 동백꽃
부산광역시의 나무: 동백나무
부산광역시의 새: 갈매기

해동용궁사

해운대

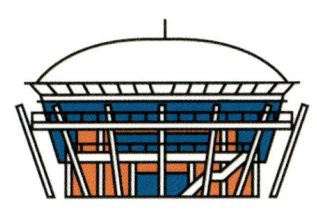

누리마루 APEC 하우스

2005년 제13차 정상회담을 위해 세운 건물. 8개 국어 동시통역과 화상 회의 시스템, 최첨단 프레젠테이션 장비가 있어 국제회의 장소로 최적이다.

광안대교

대한민국 제2의 도시
부산광역시

신석기 패총이 있어요.

부산에서도 수천 년 전부터 사람이 살았어요. 동삼동, 암남동, 다대동 등 바다와 강이 만나는 곳 주변에 조개더미가 있었거든요. 조개더미에는 석기와 빗살무늬토기 같은 신석기 사람들이 쓰던 물건들이 쌓여 있었지요. 이곳에서 발견된 토기 안쪽에 눌린 조와 기장의 흔적으로 한반도에서 이미 5,000년 전부터 농사를 지었음이 알려졌어요.

언제부터 항구 도시였을까요?

부산광역시는 서울특별시 다음으로 큰 대한민국 제2도시이자 제1의 항구 도시이죠. 부산광역시의 무역 항로는 세계의 여러 대륙과 연결되어 있고, 러시아, 중국과도 정기 항로가 개설되어 있어요.

부산이 항구 도시로 발전하게 된 것은 1876년 강화도조약으로 일본에 의해 강제로 문을 열면서부터예요. 1905년에는 부산항이 완성되고, 부산과 일본의 시모노세키를 잇는 배가 다니게 되었죠. 또 같은 해에 육지에서는 경부선 철도가 개통되어 부산이 국제적인 항구 도시로서 성장하기 시작했어요.

태백산맥 남쪽 끝에 있어요.

부산광역시를 낙동강을 기준으로 동서로 나누면 동쪽은 고도 400~800미터의 산들이 있고 산 넘어 바닷가에는 부산항이 있어요. 반면, 서쪽에는 낙동강이 오랜 세월 범람하면서 만든 삼각주인 김해평야가 있어요. 삼각주는 한반도에는 별로 없는 아주 귀한 지형이지요.

부산국제영화제는 세계적인 영화제예요.

부산광역시는 아시아 최고의 영화제인 부산국제영화제를 개최하고 있어요. 한국 영화 발상지인 부산광역시를 아시아의 영화 중심지로 발전시킬 계획으로 영화제를 시작했지요. 해운대 센텀시티 안에 부산국제영화제 전용관인 영화의 전당(두레라움)을 비롯, 영화·영상 기반 시설이 잘 갖춰져 있지요. 영화 촬영에서부터 제작·마케팅까지 종합적인 지원 시스템을 갖춘 부산광역시는 앞으로도 아시아를 대표하는 영화 도시가 될 거예요.

한국 전쟁 이후 인구가 급증했어요.

1945년 광복 무렵 부산의 인구는 28만 명이었어요. 그리고 광복과 함께 해외 동포들이 부산으로 몰려들면서 1948년에는 50만 명을 넘었지요. 하지만 부산의 인구가 단숨에 늘어난 것은 1950년 한국 전쟁 때였어요. 전쟁이 일어난 후 대한민국은 북한군과 중국군에 밀려 부산까지 후퇴했어요. 이때 부산은 대한민국에서 유일하게 남은 마지막 땅이었어요. 그래서 이때 임시 수도였던 부산으로 많은 피난민이 몰려들면서 단숨에 인구가 크게 늘었죠. 전쟁이 끝나고 1955년에 인구는 무려 100만 명을 넘었어요. 이후 서울과 양대 축으로 발전한 부산은 1963년에 부산직할시로 승격한 이후에도 인구가 지속적으로 늘어 1980년에는 300만 명, 1990년대 중반에는 400만 명이 넘었어요. 하지만 도시가 지나치게 커지면서 2000년 이후 부산의 인구가 주변 경상남도로 빠져나갔지요. 지금은 340만 명이 사는 대도시예요(2019년 기준).

자갈치축제에서 생선회를 먹어 보자

전라북도

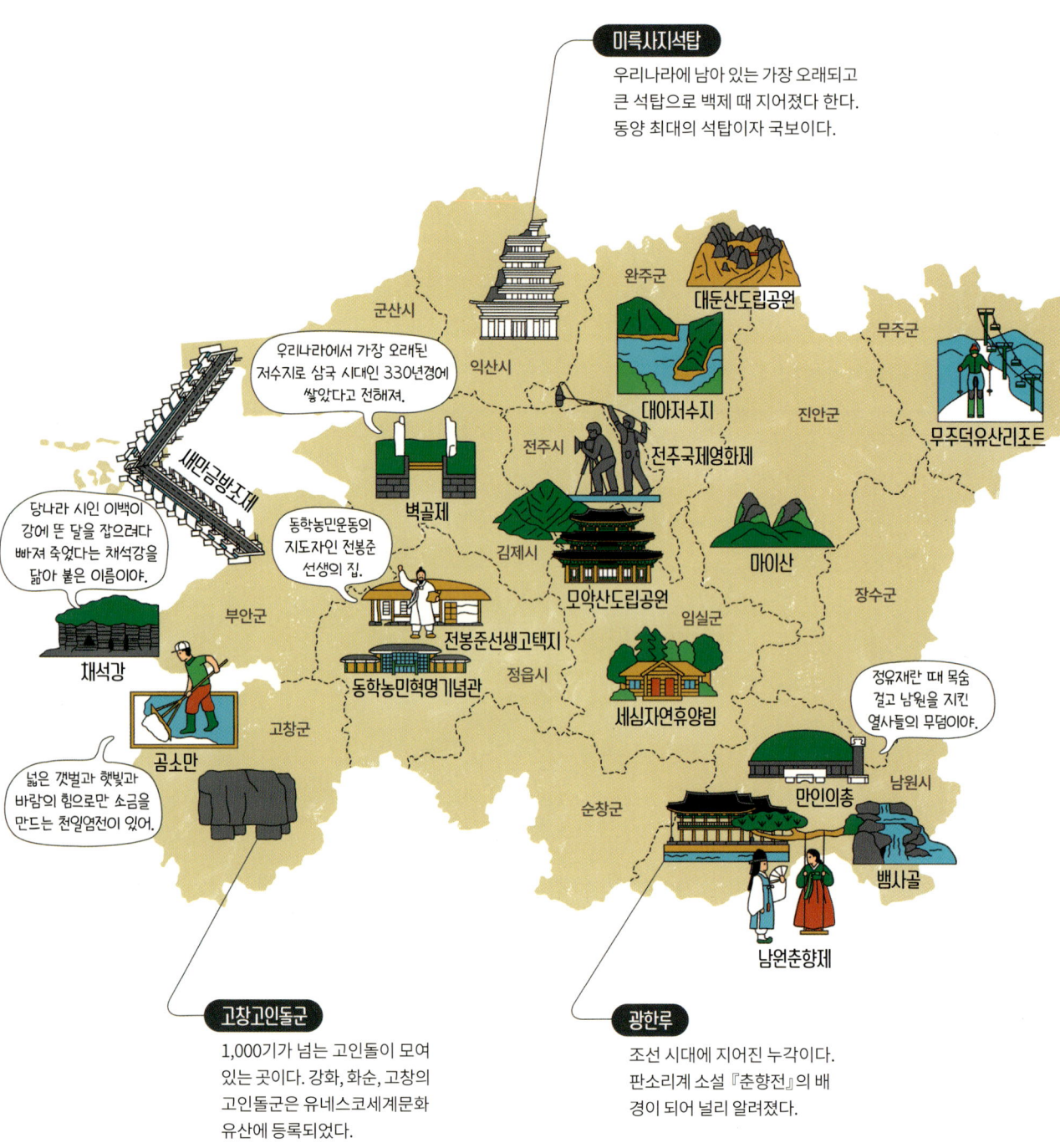

한눈에 살펴보는 전라북도

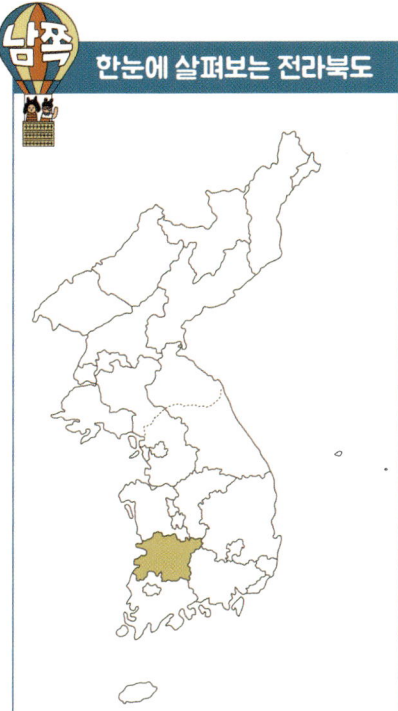

- 면적: 8,069.05㎢
- 인구: 1,797,450명

전라북도의 대표 산: 덕유산
전라북도의 꽃: 백일홍
전라북도의 나무: 은행나무
전라북도의 새: 까치

전주한옥마을

마이산

전주한옥마을
700여 채의 전통 한옥이 모인 마을이다.

동국사

식문화가 발달한
전라북도

한때 강남도라 불렸어요.

전라북도는 마한의 땅이었다가 백제에 속하게 되었어요. 조선 시대에는 전라남도와 합쳐 '강남도'라 불린 적도 있었어요. 그러다가 19세기 말 전라남도와 전라북도로 분리되었어요.

농업과 수산업이 발달했어요.

전라북도는 지형으로 보나 기후로 보나 농사짓기 최고죠. 그래서 일찍이 농업이 발달했어요. 전라북도는 밭보다는 논이 3배 이상 많고 쌀이 많이 나지요. 지금도 농업 비중이 전국 평균치에 비해 2배 이상 높아요. 최근에는 더 큰 소득을 올릴 수 있는 생강, 배, 담배, 복숭아 등을 논에서 함께 재배하고 있어요. 그리고 동쪽 산지에서는 누에고치를 키우는 양잠과 벌을 키우는 양봉을 많이 해요. 도시 가까이에서는 돼지, 닭, 젖소를 대규모로 키우고 있죠. 한편 바닷가 역시 전라북도 주민들의 주요 생활 무대예요. 위도와 고군산 열도 지역에서는 조기, 갈치, 새우 등이 많이 잡히죠. 그리고 갯벌이 넓게 펼쳐져 있어서 바지락, 백합조개 같은 양식이 활발해요.

사각형 모양이에요.

전라북도 면적은 대한민국의 8퍼센트 정도로 다른 도에 비해 작은 편이죠. 또 지도를 보면 전라북도는 남북보다 동서가 긴 사각형 모양이에요. 동쪽이 높고 서쪽은 낮은 지형이기도 하고요. 그리고 동쪽에는 소백산맥, 동남쪽에는 노령산맥이 지나고 있어요. 전라북도는 절반 이상이 해발 고도 100미터 미만의 평탄한 땅으로 되어 있고, 산지의 60퍼센트 가량은 100~500미터 정도의 낮은 산이에요. 대한민국에서 가장 넓은 호남평야가 바로 전라북도에 있죠. 호남평야는 대한민국에서 유일하게 지평선을 볼 수 있는 곳이에요. 한편, 전라북도의 바닷가는 해안선이 복잡하고 100여 개의 섬이 있어요.

춘향제에서 그네뛰기를 해 봐요.

이몽룡을 사랑한 춘향의 순수한 마음을 기리고자 남원시에서 열리는 축제예요. 축제에서는 춘향제사, 시조경창대회, 명창대회, 그네뛰기 등이 열려요. 여러분도 축제에 가서 이몽룡, 방자, 향단이, 월매도 만나 봐요. 그리고 긴 줄에 걸린 그네에 올라 춘향이만큼 높이 올라 봐요.

지평선축제가 열려요.

대한민국에서 유일하게 지평선을 볼 수 있는 전북 김제시에서 가을이면 '지평선축제'가 열려요. 호남평야는 김제시, 정읍시, 익산시에 걸쳐 넓게 펼쳐져 있는데, 그 길이가 남북으로는 약 78킬로미터, 동서로는 약 48킬로미터나 돼요.

전주비빔밥, 맛도 영양도 최고!

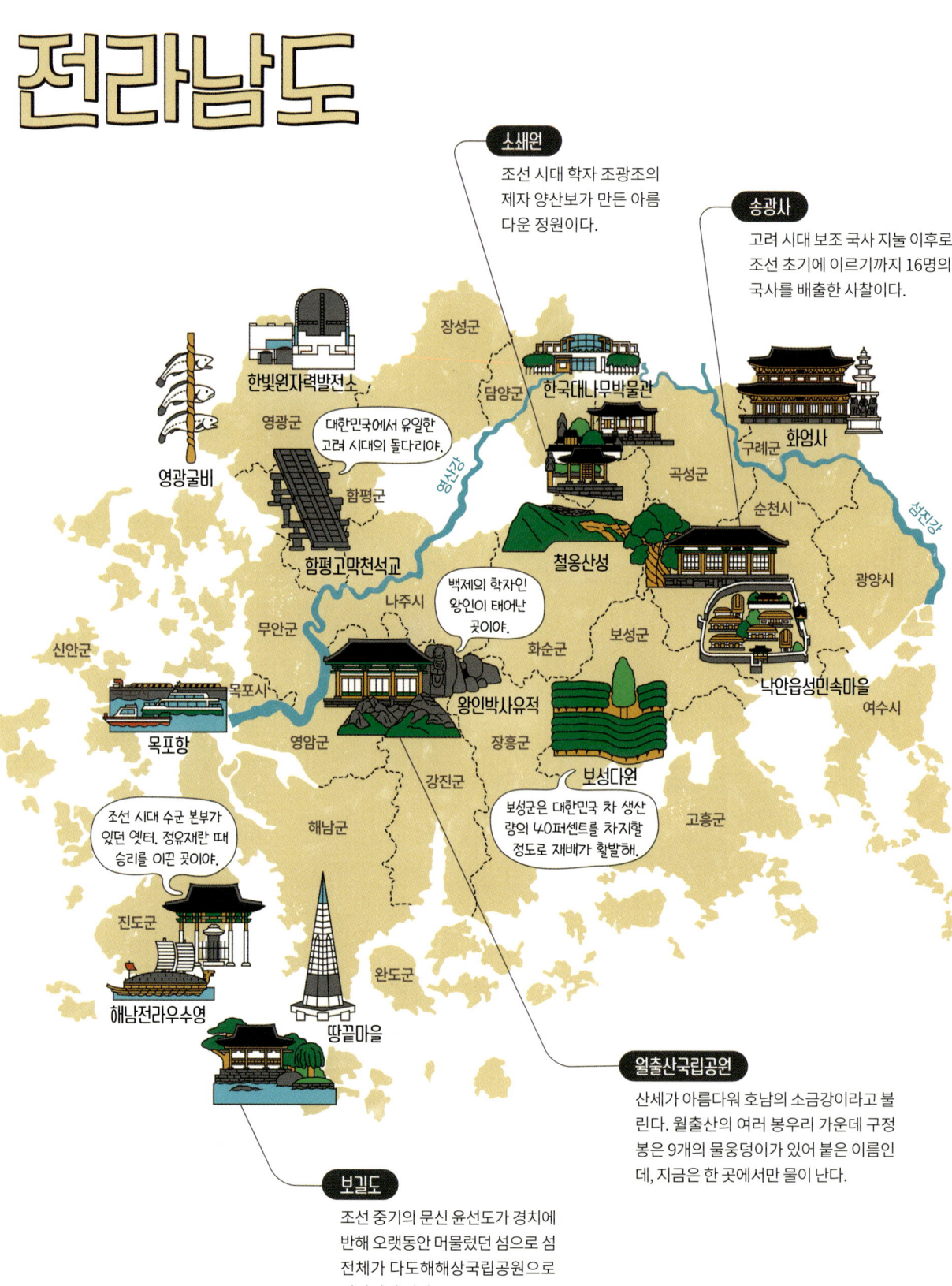

한눈에 살펴보는 전라남도

- 면적: 12,335.13㎢
- 인구: 1,844,811명

전라남도의 대표 산: 노고단
전라남도의 꽃: 동백꽃
전라남도의 나무: 은행나무
전라남도의 새: 산비둘기

화엄사

소쇄원

향일암
'해를 향한 암자'라는 이름처럼 일출이 멋진 곳이다.

낙안읍성

대륙의 끝에 있는 전라남도

평야와 섬이 많아요.

전라도와 경상도의 경계는 소백산맥이고, 전라북도와 전라남도의 경계는 소백산맥에서 갈라져 나온 노령산맥이에요. 따라서 전라남도의 북쪽과 동쪽은 서쪽과 남쪽보다 높은 산이 많아요. 하지만 전라남도 대표 지형은 산이 아니라 서쪽에 있는 평야와 섬이죠. 영산강 유역의 나주평야는 전라북도의 호남평야와 함께 대한민국 대표 평야예요. 그래서 전라도를 대한민국 최대 곡창 지대라 부르지요. 전라남도의 해안선은 라면 가락처럼 꼬불꼬불해요. 그리고 바다에는 무려 2,000여 개의 섬이 있어 대한민국에서 가장 많아요. 그중 1,700여 개는 2가구 이상이 살지 않는 무인도예요.

서편제의 본고장이에요.

전라도의 서편제 판소리는 조선 말 흥선대원군과 고종의 지원 아래 전국적으로 알려지고 발전했어요. 수많은 명창들이 전라남도에서 나왔지요. 특히, 보성군은 서편제와 보성 소리의 1인자들을 배출한 판소리의 성지예요. 그래서 1998년 이후 전라남도 10대 지역 축제로 뽑힌 '서편제보성소리축제'를 개최하고 있어요.

전라남도는 농업이 발달했어요.

전라남도는 쌀, 목화, 누에고치, 3가지 하얀 것이 많이 난다고 해서 '삼백지방'이라 불렸어요. 하지만 1970년대에서 1980년대, 많은 사람들이 도시로 일자리를 찾아 떠나면서 일손이 부족해지고 또 값싼 화학 섬유가 나오는 바람에 누에고치 재배와 목화 농사는 많이 사라졌지요. 그래도 쌀은 여전히 많이 나서 대한민국의 식량 창고라고 부를 수 있을 정도예요. 그동안 전라남도는 쌀 생산을 늘리기 위해 노력해 왔어요. 그래서 장성호, 담양호, 영산호 등 농사에 쓸 물을 가두기 위해 만든 호수가 많아요. 최근에는 파프리카, 고구마와 같은 작물들을 비롯 보성군에서는 차, 나주시에서는 복숭아와 배, 남해안과 섬에서는 귤 재배가 늘고 있어요. 또 고기 소비가 증가함에 따라 젖소, 돼지, 닭의 사육도 활발하지요.

외딴 섬이 우주 개발 산업의 메카가 되었어요.

고흥반도의 외나로도에는 우주수산물센터, 우주마트, 우주분식, 우주건설 등 '우주'가 들어가는 간판이 많아요. 이곳에 나로우주센터가 생기면서 마을이 온통 '우주'라는 이름 천지예요. 나로우주센터에는 발사통제동, 추적레이더, 위성시험동, 우주체험관 등이 있어요. 로켓 발사가 실패하면서 모두가 실망했지만 다시 준비해서 세계 13번째 우주선 발사장이 있는 외나로도에서 우주선을 띄울 거예요.

세계 최대 규모의 광양제철소가 있어요.

포스코의 본사는 포항제철소이고, 제2공장이 광양제철소예요. 광양제철소는 현재(2019년) 연간 약 2,200만 톤의 철을 생산하며 연간 생산량이 약 1,700만 톤인 포항제철소보다 많이 생산하고 있어요. 단일 제철소로는 세계 최대인 광양제철소는 또 하나의 기록을 가지고 있는데 2010년 1월 하루에 1만 5,613톤을 생산하여 세계 최초로 하루 쇳물 생산량 1만 5,000톤을 돌파했어요. 한편 광양항은 제철소가 생기면서 대형 선박 5척을 동시에 댈 수 있는 국내 최대의 항만 시설을 갖추었답니다.

홍길동의 고장, 전라남도

광주광역시

광주신창동유적
철기 시대 및 원삼국 시대 초기에 걸친 유적지로 53기의 독널무덤과 유물들이 발견되었다.

광주학생운동발상지
1929년 벌어진 광주학생항일운동을 기리기 위해 광주학생독립운동기념탑과 광주학생독립운동기념역사관을 지었다.

민주화 운동으로 목숨을 잃은 의인들이 잠든 곳이야.
국립5·18민주묘지

5·18광주민주화운동의 역사를 간직한 곳으로 유네스코민주인권로로 지정되었어.

고려의 상감청자, 조선의 백자 등을 굽던 가마터.
광주충효동요지

광주김치문화축제

어등산

광주월드컵경기장

서창향토문화마을

광주향교

금남로1가

무등산

증심사
무등산에 있는 절로 통일신라 때 지어졌어.

무등산수박

광산구
원래 광산군이었는데 1988년 광주광역시로 합쳐졌다. 광주광역시 면적의 45퍼센트를 차지한다. 대한민국 자치구 가운데 가장 면적이 넓은 구이다.

광주김치타운
광주광역시 남구 김치로 60번지에 위치해 있다. 김치의 발전과 홍보를 위해 만들어진 테마 공원이다. 김치에 관한 문화·역사를 배우고 체험할 수 있다.

한눈에 살펴보는 광주광역시

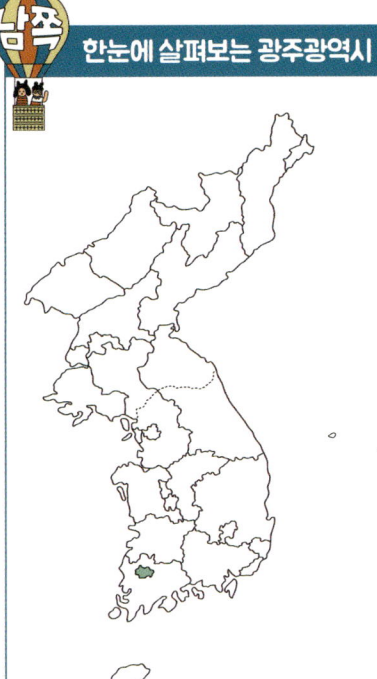

* 면적: 501.24㎢
* 인구: 1,445,473명

광주광역시의 대표 산: 무등산
광주광역시의 꽃: 철쭉
광주광역시의 나무: 은행나무
광주광역시의 새: 비둘기

옛전남도청

무등산

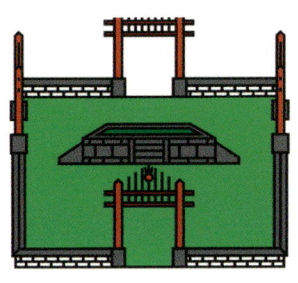
광주사직공원
조선 태조 때부터 신에게 제사를 올리던 사직단이 있던 곳.

5·18기념문화센터

민주화의 도시, 광주광역시

태조 왕건 때부터 광주라고 불렸어요.

광주광역시가 광주(光州)란 이름을 얻은 것은 고려 태조 때였어요. 1949년에 광주시로 불리다 1986년에 부산, 대구, 인천에 이어 네 번째로 직할시로 격이 높아졌고, 주변의 송정시와 광산군이 포함되면서 면적이 2배 이상 커졌죠. 그러다 1995년 광역시로 다시 이름이 바뀌었고, 현재(2021년) 5개의 자치구가 있어요.

분지에 자리 잡은 도시예요.

광주광역시의 동쪽에는 광주광역시 시민의 정신적 지주인 무등산이 있고, 나머지 북쪽, 서쪽, 남쪽도 산들이 둘러싸고 있어요. 그러고 보니 서울특별시, 대구광역시, 춘천시 등 대한민국 여러 도시들이 산으로 둘러싸여 있네요. 광주광역시는 서쪽은 평야가 많고, 동쪽으로 갈수록 산이 더 많아요. 영산강이 북동쪽에서 남서쪽으로 흐르는데 광주광역시 시민들은 이 강을 '극락강'이라 불러요.

예술의 도시예요.

광주광역시는 한국화의 대가인 허백련, 서양화의 대가인 오지호, 판소리의 대가인 임방울, 서정시인 박용철 등 이름만 들어도 알 만한 예술인들을 많이 배출했지요. 이를 계승하기 위해 광주광역시에는 '예술의 거리'도 생겼어요. 이것이 광주광역시를 '예술의 도시'라 부르는 이유예요.

광주비엔날레에서 그림을 그려 보아요.

1995년 국제현대미술제인 광주비엔날레가 처음 열렸어요. 광복 50주년과 미술의 해를 기념하고 미술 발전을 도모하기 위하여 시작되었어요. 광주비엔날레는 중외공원문화벨트 일대에서 2년마다 3개월 동안 열리며, 세계 곳곳에서 온 작가와 작품을 만날 수 있어요. 여러분이 광주비엔날레에 다녀간다면 광주광역시를 문화 도시로 기억하게 될 거예요. 최근에는 관광객들이 직접 그리거나 만들어 보는 체험이 늘어나서 축제가 더욱 재미있어요.

광주의 8경은 무엇일까요?

무등산의 사계절, 빙월당과 황룡강 물안개, 5·18광장과 충장로 야경, 포충사와 대촌 들녘, 광주사직공원 해돋이, 잣고개 야경, 월드컵경기장에서의 달맞이, 중외공원 산책로예요.

민주주의와 인권의 도시, 광주광역시

광주광역시는 어떤 산업이 발달했을까요?

광주광역시는 2007년도에 광역시 중 3번째로 수출 100억 달러를 달성했어요. 전국 최초로 지정된 문화산업투자진흥지구 내 문화 관련 기업을 유치하는 등 새로운 일자리 창출을 도모하고 있지요. 한편, 광주광역시는 자동차, 광산업, 가전 산업, 신재생에너지 산업, 금형 산업 등 5대 주력 산업을 중점 육성하는 정책으로 경제 발전을 이루고 있어요.

제주특별자치도

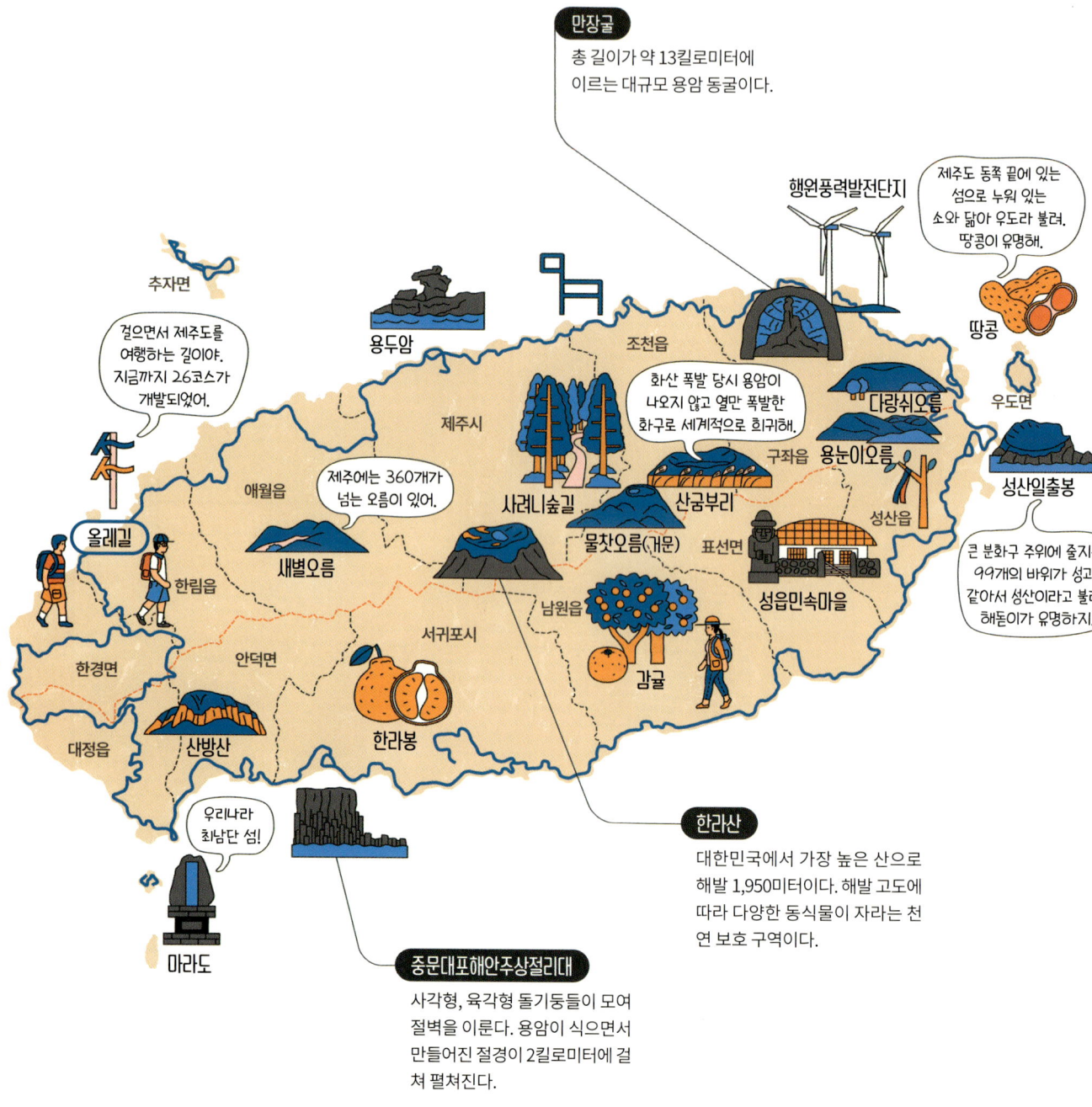

한눈에 살펴보는 제주특별자치도

- 면적: 1,833.2㎢
- 인구: 673,974명

제주특별자치도의 대표 산: 한라산
제주특별자치도의 꽃: 참꽃
제주특별자치도의 나무: 녹나무
제주특별자치도의 새: 제주큰오색딱따구리

섭지코지

성산일출봉

중문대포해안 주상절리대

비자림
500~800년 된 비자나무 2,800여 그루가 자라는 숲이다.

사려니숲길

한반도에서 가장 큰 섬, 제주특별자치도

제주특별자치도는 어떻게 생겨났을까요?

제주특별자치도는 고구마처럼 생긴 섬으로 면적은 서울특별시의 3배 정도예요. 이 섬은 신생대에 일어난 화산 활동으로 생겨났어요. 여러 차례에 걸쳐 매우 많은 양의 마그마가 쏟아져 나와 쌓이고 쌓여 만들어졌지요. 제주특별자치도는 한반도에서 가장 큰 섬이면서 하나의 큰 화산이기도 해요. 한복판에 있는 한라산은 마치 방패를 엎어 놓은 듯 경사가 완만하게 생겼는데 고도 1,950미터로 대한민국에서는 가장 높은 산이에요. 제주특별자치도에는 올록볼록 솟은 작은 기생화산들이 무려 360여 개나 있어요. 제주특별자치도의 일부 즉 한라산천연보호구역, 거문오름용암동굴계, 성산일출봉, 이 3개 구역이 2007년에 유네스코세계자연유산으로 등재되었어요.

'삼다도'라 불려요.

옛날부터 제주특별자치도는 바람, 돌, 여자 3가지가 많은 섬으로 유명하지요. 겨울이면 북쪽에서 찬 바람이 거세게 불고, 여름이면 남쪽에서 남풍과 함께 태풍까지 불어와 1년 내내 바람에 시달려요. 그래서 옛날부터 집을 지을 때 돌담을 쌓고 지붕을 새(띠풀)로 그물 모양으로 얽어맸어요. 제주특별자치도는 90퍼센트가 까맣고 구멍이 숭숭 난 현무암이며, 어디를 가나 있어요. 제주특별자치도에 가면 담뿐 아니라 밭, 묘 등에도 돌로 담을 쌓았어요. 제주특별자치도는 여자가 많다고 하는데 이는 남자들이 고기잡이 나갔다가 돌아오지 못해서 나온 말이기도 하고 여자들이 남자 못지않게 열심히 일한다는 뜻이기도 하지요. 특히 여자들이 바다에 들어가 해삼, 멍게 등을 따는 힘든 물질을 한답니다.

제주특별자치도에는 어떤 산업이 발달했을까요?

제주특별자치도에서는 약 75퍼센트의 주민들이 관광과 관련된 서비스업에서 일하고 있어요. 한편, 2002년 국제자유도시로 지정된 제주특별자치도는 대륙(러시아, 중국)과 해양(일본, 동남아)을 연결하는 자리에 있어서 비행기로 2시간이면 인구 500만 명 이상의 대도시 20여 곳을 갈 수 있어요. 최근에는 IT, BT(생명공학 산업) 등 첨단 산업의 중심지로 발전하고 있어요. 서울과 같은 대도시에 있던 첨단 산업 관련 기업들이 제주특별자치도로 이전을 하고 있거든요. 제품을 중국, 대만에서 많이 만들어서 제조 비용을 줄이고 임대료를 절반 가까이 줄일 수 있기 때문이에요. 이미 인터넷 회사 '다음'을 포함해서 13개 기업이 이전을 했거나 준비하고 있어요.

제주특별자치도에 없는 3가지가 뭘까요?

제주특별자치도는 3가지가 없어서 삼무(三無)의 섬이에요. 삼무란 '도적, 거지, 대문 이 3가지가 없다'는 뜻이에요. 제주특별자치도라는 좁은 섬 안에서는 서로 잘 알기 때문에 나쁜 짓이나 수치스러운 짓을 하지 않았고, 서로 돕고 사는 것을 중시 여기며 살았어요. 또 이곳에는 옳은 뜻을 지키다가 귀향을 온 뼈대 있는 조상의 후손들이 많아서 명예를 중시 여긴다고 해요. 이처럼 화합과 명예를 소중히 여기기 때문에 제주특별자치도에는 집의 대문도 필요 없었어요. 그래서 집주인이 일터로 나갈 때 사람이 없다는 표시로 집 입구에 긴 나무(정낭)를 걸쳐 두었지요.

유명한 농수산물이 많아요.

제주특별자치도는 맑은 자연을 가졌어요. 전복, 감귤, 표고버섯 등이 유명하지요. 지금도 천연의 자연을 이용하여 감귤, 유채, 파인애플을 재배하고 한라산 중턱에서는 소, 말, 양 등을 키우고 있지요. 제주특별자치도는 따뜻해서 열대의 바나나와 파인애플도 잘 자라요. 바다에서 고기를 잡거나 전복, 소라, 조개 등을 키워 판답니다.

〉제주특별자치도의 제주마〈

사진출처

33쪽 봉선사, 봉선사 대종, 양헌수장군 승전비, 수원화성 | 37쪽 숭례문, 경복궁 근정전, 환구단 | 40쪽 강화산성 남문 | 49쪽 법주사 팔상전, 법주사 금동불 | 53쪽 공산성 금서루 | 65쪽 부석사 무량수전, 다보탑, 안동법흥사지칠층전탑, 도산서원 ⓒ ㈜사계절출판사

40쪽 강화도 갯벌 | 53쪽 무량사 극락전, 정림사지오층석탑, 낙화암 | 93쪽 옛전남도청 | 97쪽 성산 일출봉, 중문대포해안 주상절리대 ⓒ최일주

40쪽 송도센트럴파크 | 49쪽 고수동굴, 정이품송 | 57쪽 정부세종청사, 한누리대교 | 61쪽 한밭수목원, 국립대전현충원, 엑스포다리의 무지개분수와 불꽃축제 | 73쪽 앞산공원에서 내려다본 대구광역시 전경, 이월드의 83타워, 두류공원 | 77쪽 간절곶, 울산대교, 간월재 억새 군락지 | 81쪽 해운대, 광안대교 | 85쪽 전주한옥마을, 마이산 | 89쪽 화엄사, 소쇄원, 낙안읍성 | 93쪽 무등산, 5·18기념문화센터 ⓒ123rf

45쪽 낙산사 홍련암, 낙산사 해수관음상, 신흥사 통일대불, 삼화사 | 97쪽 섭지코지, 사려니숲길 ⓒ김인혜

57쪽 국립세종도서관 ⓒ조성은

69쪽 해인사, 팔만대장경 ⓒ이정진

69쪽 다랭이마을 | 81쪽 해동용궁사 ⓒ이혜정

85쪽 동국사 ⓒ배지영

일러두기

☀ 북한 지도는 2017년 『사회과부도』(평양직할시는 『조선향토대백과』)를, 대한민국 지도는 2012년 「지방행정구역요람」을 기준 삼았습니다.
☀ 면적, 인구, 인구 밀도는 위키미디어를 기준 삼았습니다(북한은 2008년, 대한민국은 2021년).

전국 팔도 지리 자랑

2021년 6월 25일 1판 1쇄 | 2022년 7월 29일 1판 3쇄

글쓴이 조지욱 | **그린이** 염예슬
편집 최일주, 이혜정, 김인혜 | **디자인** 미르
제작 박흥기 | **마케팅** 이병규, 이민정, 최다은 | **홍보** 조민희, 강효원
인쇄 코리아피앤피 | **제책** 책다움

펴낸이 강맑실 | **펴낸곳** (주)사계절출판사 | **등록** 제406-2003-034호
주소 (우)10881 경기도 파주시 회동길 252
전화 031)955-8588, 8558 | **전송** 마케팅부 031)955-8595, 편집부 031)955-8596
홈페이지 www.sakyejul.net | **전자우편** skj@sakyejul.com | **블로그** blog.naver.com/skjmail
페이스북 facebook.com/sakyejulkid | **인스타그램** instagram.com/sakyejulkid

ⓒ 조지욱, 염예슬 2021

값은 뒤표지에 적혀 있습니다. 잘못 만든 책은 구입하신 서점에서 바꾸어 드립니다.
사계절출판사는 성장의 의미를 생각합니다. 사계절출판사는 독자 여러분의 의견에 늘 귀 기울이고 있습니다.
이 책은 저작권법에 따라 보호받는 저작물이므로 무단전재와 무단복제를 금합니다.

979-11-6094-718-2 73910